RADIUS BÜCHER

Kurt Marti

Die Psalmen Davids

Annäherungen

Die Deutsche Bibliothek – CIP-Einheitsaufnahme
Marti, Kurt:
Die Psalmen Davids: Annäherungen /
Kurt Marti. – Stuttgart:
Radius-Verl., 1991
ISBN 3-87173-841-7

ISBN 3-87173-841-7

Umschlag: André Baumeister
Gesamtherstellung: Clausen & Bosse, Leck
Printed in Germany

Dieses Buch ist ein Versuch, die Psalmen genauer zu lesen, besser zu verstehen. Kein exegetisches Fachbuch, kein Erbauungsbuch, eher ein Buch des Fragens, der Neugier, vorerst die Psalmen 1–41 betreffend, also hauptsächlich diejenigen Psalmen, die David zugeschrieben werden (3–41).

Sind die Psalmen tatsächlich diejenigen Texte der hebräischen Bibel, die den Christen am vertrautesten, heutigen Lesern am zugänglichsten sind? Mich muten sie in ihrer Mehrzahl eher fremd, oft sogar höchst befremdlich an. Gerade das weckt meine Neugier.

Die Annahme, es hier mit rasch und leicht verstehbaren Texten zu tun zu bekommen, dürfte auf den christlichen Brauch zurückgehen, einzelne, dem Zusammenhang enthobene Psalmverse als Kernsätze innerhalb anderer Kontexte zu verwenden, die Psalmen als Zitaten-Steinbruch zu benutzen. Dadurch sind die Psalmen im Laufe der Zeit so weitgehend entjudaisiert worden, daß schließlich der Anschein entstehen konnte, der Psalter sei das sozusagen »christlichste« Buch der hebräischen Bibel.

In Wahrheit aber bleiben die Psalmen alte hebräische Theopoesie. Ihren »Sitz im Leben« hatten sie im Jerusalemer Tempelkult, haben diesen jedoch überdauert. Nicht bloß das ist erstaunlich. Anders als weithin christliche Kirchengesangstexte ist die israelitische Tempeldichtung immer wieder voll sozialer Klagen, Anklagen, Auflehnungen. Dabei beruft sie sich auf Jahwe als den Gott, der für die Rechte der Armen und Bedrängten eintritt, als ihr Bundesgenosse und Befreier. Oft scheint es fast, als sei der Gott der Psalmen ein anderer als der Gott der christlichen Choräle. Ist es aber nicht doch derselbe und EINE Gott? Müßte man also die Psalmen nicht wieder jüdischer lesen, damit unsere christlichen Lieder wiederum psalmähnlicher werden?

Allerdings unterscheidet sich die althebräische von der traditionell christlichen Theopoesie durch resolute Diesseitigkeit. Die Psalmen wissen nichts von einem Jenseits, von einem individuellen Leben nach dem Tode, wo erlittenes Unrecht oder lebenszerstörendes Krankheitsleiden einen Ausgleich finden. Der Horizont des menschlichen Lebens und des göttlichen Handelns bleibt diesseitig. Das lädt diese Poesie mit einer drängenden Leidenschaft auf, die sofortige oder doch alsbaldige Hilfe, Rettung, Befreiung heischt, auf umgehende Wiederherstellung verletzten, geschändeten Rechts pocht. Diese gläubige Ungeduld der Psalmen hatte einen realen Bezugspunkt in der Tempelpraxis priesterlicher Heilsorakel und Rechtssprüche.

Unweigerlich aber wirft das spätere Schicksal des Bibelvolkes – von der endgültigen Zerstörung des Tempels bis zum Holocaust und zur Staatsgründung in Palästina – die Frage auf, wie denn angesichts solcher Geschichtserfahrungen der Diesseitshorizont und die Diesseitshoffnungen nicht nur der Psalmen, sondern der gesamten hebräischen Bibel heute zu verstehen sind. Wer unter christologischem Etikett allzu eilig christliche Jenseitsvorstellungen in die Psalmen hineininterpretiert, macht sich die Sache wohl doch zu leicht. Außerdem nimmt er die Juden in den Zeugnissen ihrer Tradition und in der Dramatik ihrer geschichtlichen Existenz nicht ernst genug.

Die Lektüre der Psalmen hat mich jedenfalls mit neuen Fragen konfrontiert. Sie hat aber auch überraschende Perspektiven eröffnet. So etwa lesen sich manche Psalmen wie aktuelle Klage- und Anklagelyrik aus der Dritten Welt (die in Wahrheit Zweidrittelwelt ist).

Die Textgestalt der Psalmen entspricht einer Collage; sie basiert nicht auf einer Neuübersetzung. Ich hielt mich an kompetentere Übersetzer, vorab an die der Zürcher Bibel, an Martin Buber und an Hans-Joachim Kraus, und versuchte mit ihrer entscheidenden Hilfe eine möglichst lesbare Textgestalt zu erreichen.

Kurt Marti

Psalm 1

1 Glücklich der Mann,
der nicht dem Rat der Frevler folgt,
den Weg der Sünder nicht betritt
und nicht in der Runde der Spötter sitzt,
2 sondern Lust hat an der Weisung des Herrn
und in seiner Weisung lesend
vor sich hinmurmelt Tag und Nacht.
3 Der wird sein wie ein Baum,
gepflanzt an Wasserläufe,
der verläßlich seine Frucht bringt
und dessen Laub nicht verwelkt.
Was alles er tut, es gelingt.
4 Nicht so die Frevler!
Sie sind wie Spreu, die ein Wind verweht.
5 Darum halten sich Frevler nicht im Gericht,
Sünder nicht in der Gemeinde der Bewährten.
6 Denn der Herr kennt den Weg der Bewährten,
doch der Weg der Frevler verliert sich ins Verderben.

1

Das Glück sucht uns, kommt entgegen in Gottes »Weisung« (Thora). Weisung wohin? Auf einen Weg, der uns dem Gelingen näher bringt – was mehr bedeutet als Erfolg haben, mehr auch als Selbstfindung, Selbstverwirklichung. Dem Gelingen am nächsten kommt eine Existenz, die Frucht bringt für andere (3).

Wohl gibt's eine innere Stimme. Und doch ist die Weisung nicht diese innere Stimme. Sie entspringt nicht uns selbst. Die Weisung erreicht uns als die Stimme eines anderen, die spricht: »Wider dich selber wähl Ich dich!« (Karl Wolfskehl) Die Weisung dieses anderen, den Israel »Jahwe« nannte, sucht das Glück und Gelingen anderer nicht weniger leidenschaftlich (vielleicht geht der Name »Jahwe« auf die arabische Wurzel hwj zurück, »leidenschaftlich sein«) als das unsrige. Jahwes Weisung skizziert einen Horizont, der weit über unsern eigenen hinausreicht. Was sie uns sagt, können wir uns deshalb nicht selber sagen. Nie hört Gottes Weisung auf, uns mit den Rechten, Bedürfnissen, Entbehrungen anderer Menschen zu konfrontieren.

2

Übersetzen, so einst Karl Kraus, enthalte den Imperativ »Üb' ersetzen!« Einmal gelingt solches Ersetzen, ein andermal mißlingt es. Unglücklich, weil stets wieder Nahrung für christlichen Anti-Judaismus, war die Ersetzung des hebräischen Wortes »Thora« durch den griechischen Begriff »nomos«, Gesetz. Von der Fehlübersetzung in die seinerzeitige Weltsprache Griechisch fand das Wort »Gesetz« leider auch Eingang in die deutschen Bibeln.

Gewiß, die Thora umfaßt ebenfalls gesetzgeberische, d. h. Recht setzende Passagen. Selbst aber im Pentateuch (5 Bücher Moses), erst recht in der übrigen hebräischen Bibel, greift der Begriff »Thora« weit über die Bedeutung von »Gesetzgebung«, »Gesetz«, hinaus. »Thora« ist die Weisung Gottes, gleichzeitig aber auch der Weg, den die Weisung weist und damit erhellt. »Gesetz« ist erstarrtes Leben und erzeugt sterile Gesetzlichkeit. »Weisung« und »Weg« hingegen signalisieren, daß unser Leben von Erstarrungen und gemeinschaftsfeindlichen Einengungen befreit werden soll. Ohne Gottes Weisung verliert sich unser Lebensweg ins Verderben (6), d. h. er mißlingt. Der Weg des »Bewährten« aber, der »Lust hat an der Weisung Jahwes« (2), wird zum beständig sich erneuernden Lebens- und Lernprozeß. Die Weisung unablässig bedenkend, bleibt Gottes Volk, bleiben seine Angehörigen unterwegs.

Ein Vergleich zwischem dem, was »Weg« in den verschiedenen Religionen bedeutet, ist schwierig und steht deshalb noch aus. Die hebräische Bibel jedenfalls errichtet keine Gedanken- und Bilderwelt rund um eine ruhende Gottesmitte herum. Vielmehr spricht sie von Jahwes und der Menschen Weg, erzählt von Wegereignissen, Weggemeinschaft, Wegverfehlungen auch. Dem entspricht der dialogische Charakter der biblischen Diskurse, Erzählungen, Psalmgesänge.

3

»Glücklich der Mann...« (1) Und die Frau? Jahwes Weisung erging an ein Volk, das patriarchal organisiert war. Ist das israelitische Patriarchat durch diese Weisung bestätigt und befestigt oder am Ende allmählich zersetzt worden? Jüdische Feministinnen sind dabei, eine Antwort auf diese Frage zu suchen. Der Jude Jesus und seine ebenfalls jüdischen Jüngerinnen machten deutlich, daß der Gott der Thora, sich einlassend auf ein patriarchal organisiertes Volk, dennoch kein Patriarch ist.

Heute, da Religion vorab in Frauen lebendig ist, die Männer dagegen verunsichert und in ihrer Orientierungslosigkeit weltgefährlich geworden sind, weist die Glücklichpreisung dieses Psalms dem Mann den Weg, auf dem er doch noch gelingen und – anstatt Zerstörung! – Frucht bringen kann: »Glücklich der *Mann*, der… Lust hat an der Weisung des Herrn / und in seiner Weisung lesend vor sich hinmurmelt Tag und Nacht« (1–2)!

Psalm 2

1 Warum rebellieren die Völker
und murren die Nationen vergeblich?
2 Die Könige der Erde treten auf
und Fürsten tun sich zusammen
gegen den Herrn und seinen Gesalbten:
3 »Auf! Sprengen wir ihre Fesseln,
werfen wir ihre Stricke von uns!«
4 Doch der im Himmel Thronende lacht,
der Herr spottet ihrer.
5 Dann redet er sie an in seinem Zorn,
verstört sie mit seinem Grimm:
6 »Ich selbst habe meinen König eingesetzt
auf Zion, dem Berg meines Heiligtums!«
7 Kundtun will ich den Beschluß des Herrn!
Er sprach zu mir: »Mein Sohn bist du,
ich selbst habe dich heute geboren!
8 Erbitte von mir und ich gebe dir
die Völker zum Eigentum,
zu deinem Gut die Enden der Erde.
9 Du magst sie zerschlagen mit eiserner Keule,
wie Töpfergeschirr sie zertrümmern.«
10 Nun denn, ihr Könige, begreift's!
Seid gewarnt, ihr Richter der Erde!
11 Werdet dienstbar dem Herrn in Furcht
und küßt seine Füße mit Zittern!
12 Damit er nicht zürne und ihr umkommt
bei euren Plänen,
denn wie bald entbrennt sein Zorn.
Glücklich alle, die ihm trauen!

Jerusalem, Stadt einst des Tempels (6)! Seit zwei Jahrtausenden nun ohne Tempel, seit zweieinhalb Jahrtausenden auch ohne gesalbten (2), von Gott adoptierten Sohn-König (7). Stattdessen die Zerstreuung, die nie abreißende Kette von Leiden, Verfolgungen, partiellen Vernichtungen. Dabei hat gerade Israel seinen Gott als souveränen Herrn und Lenker der Geschichte und diese selbst als einen »Umweg für die Schritte des Messias« (Abraham J. Heschel) verstanden!

Das Schicksal der Juden, so scheint es, ist zu einem leidvollen Dementi dieses Psalmes und seiner triumphalistischen Bilder geworden. Vom Gott, der den Holocaust zuließ, muß – so der Philosoph Hans Jonas – vermutet werden, daß er, mindestens »für eine Zeit«, nicht der allmächtige Herr der Geschichte ist, wie Psalm 2 ihn beschreibt, sondern daß er seiner Macht entsagt oder sie jedenfalls zurückgenommen hat. Das eklatante Auseinanderklaffen von Verheißung und Erfüllung liefert Atheisten und Agnostikern jederzeit leicht verwendbare Argumente und macht das biblisch-jüdische Denken verwundbar. Wahrscheinlich ist dieses Denken, auch in seiner christlichen Form, stets ein verwundetes. Durch seine Wunden bleibt es aber offen für Wunder, vorweg für das EINE Wunder, das wir Gott nennen. So argumentiert denn Hans Jonas, zurückgreifend auf Vorstellungen der Kabbala, bis auf die Schlußzeile »Glücklich alle, die ihm trauen!« (12) konträr zu Psalm 2: Gott nimmt zwar sich und seine Macht zurück, entzieht sich der Geschichte aber dennoch nicht, denn sie bleibt der Ort seiner Treue, der Ort seines Kommens. Nur führt sein Kommen ihn nicht triumphal am Leiden vorbei, es setzt ihn selber dem Leiden aus.

Das Denken einer solchen Möglichkeit führt genausoweit über Psalm 2 hinaus, wie die Geschichte seither über ihn hinausgegangen ist. Zugleich aber trifft sich jenes Denken mit diesem Psalm in der Gewißheit, daß nicht der Verlauf der Geschichte, sondern allein Gott unser Vertrauen verdient (12).

2

Biblisch heißt glauben ebenfalls: sich erinnern, Vergangenes mitbedenken. Im Glauben liest Psalm 2, wer nicht vergessen und nicht verdrängen will, daß die hier noch siegesgewisse Erwartung sich nicht erfüllt hat. Der Glaube wird sogar einräumen: es ist gut, daß sie sich *nicht* in dieser triumphalistischen, ja grausamen (Vers 9!) Art und Weise erfüllt hat!

Historisch ist Psalm 2 entweder ein Hymnus anläßlich der Thronbesteigung eines Königs oder das Lied eines jährlich wiederkehrenden Königsfestes im jerusalemischen Tempel gewesen, dem königlichen Heiligtum. Entworfen wird das Bild, fast Glorienbild, eines Königs, der mit Jahwes Hilfe unbotmäßige Völker (1–3) siegreich niederwerfen wird. Nach den Gründen für diese Unbotmäßigkeit wird nicht weiter gefragt, vielmehr jede Auflehnung gegen den König in Jerusalem mit einer Rebellion gegen Jahwe selbst gleichgesetzt (2–6). Aus diesem religiös und poetisch verklärten Bild des konkreten Königs hat sich die spätere Deutung auf den dereinst triumphierenden Messias entwickelt. Je mehr Israels politische Ambitionen enttäuscht worden waren, desto tiefer wurzelte sich im Volk die Hoffnung auf einen endzeitlichen Gotteskönig, auf den Messias ein. Deshalb war dessen Bild zunächst noch durch die Merkmale und das Herrschaftsgehabe der einstigen Könige geprägt. Im Laufe der Zeit sind diese Vorstellungselemente immer fragwürdiger geworden.

Mit zu diesen Fragwürdigkeiten gehört der patriarchalische »Machismo«, der sowohl das Vorstellungsbild Jahwes wie auch dasjenige des Königs zeichnet. Leider unterstreicht eine Sturheit der meisten deutschen Übersetzer diesen »Machismo« noch unnötigerweise. Sie lassen Jahwe nämlich sagen: »Mein Sohn bist du, ich selbst habe dich heute *gezeugt*!« (7) Wörtlich steht jedoch da: »... Ich selbst habe dich heute *geboren*!« Etwas anderes wäre ja auch realitätswidrig. Ob diese Adoptionsformel – denn um eine solche handelt es sich – nun anläßlich dieses oder jenes Festes ausgesprochen worden ist, gemeint war in jedem Fall: Heute bist du da als von jetzt an mein Sohn! Ein in diesem Moment Gezeugter kann *so* noch keineswegs *da*sein ... Geht die Formel möglicherweise auf matriarchale Kulte zurück? Wie auch immer: Wer die Metapher »gebären« auf Gott nicht anwenden, sondern ihm einzig das maskuline »Zeugen« zutrauen mag, reduziert Jahwe noch anthropomorpher, noch einseitiger auf Männlichkeit, als es der Psalm tut.

3

Nach wie vor aber steigen aus den Niederlagen und – durchaus auch christlichen! – Trümmern bisheriger messianischer Hoffnungen Gebete, Gesänge einer Erwartung, die sich nicht abfinden kann mit einer Geschichte, die nur immer den Triumph der Mächtigen wiederholt, die Leiden der Schwachen jedoch verachtet, verhöhnt, vergißt. Diese Erwartung ist nicht utopisch, was wörtlich »ortlos« bedeutet oder: angesiedelt im Noch-Nirgendwo. Diese Erwartung ist, wiewohl in gewandelter, stets neu sich wandelnder Form, *messianisch*. Wie die Welt hat sie ihren Ort in Gott. Davon geht dieser Psalm, gehen alle Psalmen aus. Daran hat trotz Verfolgungen und Holocaust das Bibelvolk der Juden leidend festgehalten und sich so behaupten können. Auf geheimnisvolle Weise behielt der zweite Psalm also recht – gewissermaßen gegen sich selbst.

Psalm 3

1 Ein Psalm Davids, als er auf der Flucht war vor seinem Sohn Absalom:
2 Herr, wie zahlreich sind meine Gegner!
Viele stehen gegen mich auf,
3 viele sagen von mir:
»Für den gibt es keine Befreiung bei Gott!« Sela.
4 Du aber, Herr, bist ein Schild um mich her,
bist meine Ehre und richtest mein Haupt auf.
5 Rufe ich laut zum Herrn,
so antwortet er mir vom Berg seines Heiligtums. Sela.
6 Ich legte mich nieder und schlief
– ich erwachte, denn der Herr hat mich gehalten.
7 Ich fürchte mich nicht vor der Menge des Volkes,
die mich ringsum belagert.
8 Steh auf, Herr! Befreie mich, mein Gott!
Hast du doch allen meinen Feinden Backenstreiche versetzt,
zerbrachst die Zähne der Frevler.
9 Beim Herrn ist Befreiung.
Dein Segen komme auf dein Volk! Sela.

I

Der Psalm, der eine individuelle Bedrängnissituation artikuliert, schließt mit einem Segenswunsch für das Volk Israel insgesamt (9). Erinnerungen an den Glauben der Väter, an einstige Befreiungstaten Jahwes (8) bestimmten die jeweilige Gegenwart des einzelnen Israeliten in einem viel höheren Maße, als wir heutige Mitteleuropäer, geschichts- und erinnerungslos geworden, uns dies vorstellen können. Zu Jahwes Volk zu gehören und sich in dessen Geschichte selber wiederzuerkennen, war für die individuelle Identität konstitutiv. Mühelos konnte sich deshalb ein Beter, jeder Beter, mit dem fliehenden David der Überlieferung identifizieren (1). Ebenso leicht konnte jeder, der sich singend und lobpreisend am Tempelgottesdienst beteiligte, gleichsam in die Rolle des Dichtersängers und auch Musikanten David schlüpfen, des zur mythischen Figur gewordenen Theopoeten und Königs. Die enorme Wirkungs- und Prägekraft der Figur Davids hat verschiedene Gründe. Einer davon ist zweifellos die ungewöhnliche Verknüpfung scheinbar konträrster persönlicher Fähigkeiten, war er doch nacheinander oder miteinander tapferer Partisan, erfolgreicher Staatsgründer, König eines Großreiches wie aber auch Musikant, Dichter, Sänger. Diese ihm zugeschriebene oder tatsächliche Mischung von kriegerisch-politischer Tatkraft und musischer Sensibilität verlieh David den Glanz eines ganzheitlichen Herrschers und Mannes, der seine Emotionalität, anstatt sie zu unterdrücken, zum Klingen und Singen zu bringen verstand. Ein patriarchaler Herrscher natürlich auch er! Einige seiner Wesenszüge scheinen jedoch über das bloß Patriarchale hinauszuweisen. Das machte ihn erst recht geeignet, eine mythische Figur und als solche eine Präfiguration späterer Messias-Erwartungen zu werden. Kein Wunder jedenfalls, daß gerade er zum Prototyp des Psalmsängers geworden ist, dem die Psalmen 3–41 zugeschrieben werden.

2

Zurück zum Beter des dritten Psalms! Einbezogen in Jahwes dialogische Geschichte mit ganz Israel weiß er sich von Gott gehalten (6) und beschützt (3), selbst wenn böswillige Feinde ihn drohend umstellen und bedrängen (2.7). Seinem Rufen und Flehen antwortet Jahwe vom Tempelberg her (5), wohin der Bedrohte noch unterwegs oder wo er schon eingetroffen ist. Ob ursprünglich Pilgerlied, ob Bittgesang im Tempel selbst, bleibt wenig von Belang. So oder so ist der Psalm zu einem Tempellied geworden. Alle 150 Psalmen bildeten ja das »Gesangbuch« des Tempels oder, genauer, des Tempelchors. Stets wieder erinnert der erste Vers mancher Psalmen heutige Leser daran, daß diese Gebete seinerzeit gesungen und instrumental begleitet worden sind. Leider können wir uns von der Art der Gesänge und der Begleitmusik heute keine Vorstellung mehr machen und bleiben die musiktechnischen Hinweise der Psalmanfänge deshalb Chiffren, die wir nicht mehr entschlüsseln können. Die Frage, wie die Tempelgesänge getönt und geklungen haben mögen, bleibt offen. Zu vermuten ist, daß mitteleuropäische Hörer auf sie wohl eher befremdet oder gar erschrocken reagieren würden: Wie, das soll geistliche Musik sein? Gottlob aber hinterließ die hebräische Bibel keinen verbindlichen Kanon dessen, was geistliche Musik zu sein und wie sie zu klingen hat.

3

Geblieben sind uns einzig die *Texte* der Tempelpsalmen. Immer ist ihr Adressat Jahwe. Jahwe-Poesie also, oder allgemeiner formuliert: Theopoesie. Ihr liegt oft eine bestimmte Theologie, nämlich die priesterliche des Tempels, des königlichen Zentralheiligtums in Jerusalem, zugrunde. In dieser Tempeltheologie widerspiegeln sich, wie könnte es anders sein, die Interessen des königlichen Hofes und der Priesterschaft, die vom König entlöhnt wurde.

Zum Wesen der Poesie gehört freilich, daß sie sich weder theologisch noch ideologisch völlig vereinnahmen läßt. So z. B. wird in einigen Psalmen durchaus auch Kritik am Tempel laut (etwa in Psalm 40) im Sinne der Tempelkritik der Propheten. Die Theopoesie der Psalmen erweist sich als theologisch keineswegs rigide. Sie bleibt offen, was u. a. damit zusammenhängen mag, daß ihre Lobpreisungen, Klagen, Bitten vital mit menschlichen Existenzsituationen und -nöten verknüpft sind, wie sie sich im realen Leben jederzeit wiederholten, weshalb die Psalmen stets wieder von ähnlichen Leidens- und Bedrängnissituationen ausgehen müssen.

In Konflikten aber, die nicht lösbar, vor Fragen, die nicht beantwortbar sind, bleibt, abseits oder jenseits aller Theologie, erst recht nur das Rufen und Flehen zu Gott. Beten, so Rabbi Pinchas einst, heißt »an Gott haften« – auch dann, wenn er vorerst keine Antwort, keine Lösung für uns hat, sich vielmehr in Schweigen hüllt. Die Juden mußten im Verlauf ihrer langen Geschichte je und je wieder diesen unbegreiflich schweigenden Gott erfahren, erleiden. Dennoch ließen erstaunlich viele von ihnen nicht davon ab, betend an ihm zu haften. Von diesem betenden Haften an Gott zeugen bereits die Psalmen.

4

Ohnehin ist der Begriff »Theologie« nur mit Vorbehalt auf die Psalmen und die hebräische Bibel anwendbar. Im israelitisch-jüdischen Denken hat die Theo*praxis* den Vorrang vor jeder Theo*logie*. Nie ist hier das Denken und Reden von Gott Selbstzweck geworden, immer stand und steht es im Dienste der primären Frage: Welches ist das gottgemäßge *Tun*, der uns von Gott gewiesene *Weg*?

Sowenig wie in Israel hat sich später im Judentum deshalb eine systematische Theologie entwickeln können. Hebräisches Denken orientiert sich nicht am Wunschbild eines gedanklich geschlossenen Systems, sondern an überlieferten und neuen Erfahrungen und an den daraus entspringenden Fragen nach der rechten Lebenspraxis – ein Denken, das, wie sich zeigte, beweglich bleibt, deshalb auch lebens- und überlebensfähig macht.

So öffnen denn auch die Psalmen nicht Durchblicke auf theologische Gedankengebäude (auch nicht auf das einer systematischen Tempeltheologie!), sie öffnen Durchblicke auf Sozial- und Alltagskonflikte und auf die Leiden, Nöte, Hoffnungen einzelner Menschen, Männer.

Psalm 4

1 Dem Chorleiter. Mit Saitenspiel. Ein Psalm Davids.
2 Wenn ich rufe, antworte mir,
Gott meiner Gerechtigkeit!
In Drangsal schufst du mir Weite.
Erbarm dich, höre mein Gebet!
3 Ihr Hochgeachteten, wie lange noch
wird meine Ehre zur Schmach gemacht,
liebt ihr Leergerede und folgt der Lüge? Sela.
4 Erkennt doch, daß der Herr
sich einen aussonderte, der ihm vertraut.
Der Herr hört's, wenn ich zu ihm rufe.
5 Denkt nach in euren Herzen,
doch versündigt euch nicht!
Erregt euch auf eurem Lager,
aber bleibt still! Sela.
6 Bringt Rechtsopfer dar
und vertraut dem Herrn!
7 Viele sprechen:
»Wer läßt uns Gutes schauen?
Von uns gewichen ist
das Licht deines Antlitzes.«
8 Du aber, Herr, gabst mir mehr Freude ins Herz
als jenen, die reich sind an Korn und Most.
9 In Frieden schlaf ich,
sobald ich mich niederlege.
Denn wie einsam ich sein mag:
du läßt mich sicher wohnen.

Geltendes Recht ist noch lange keine Gerechtigkeit. Recht wird durch Macht gesetzt, dient deshalb der Macht, die es gesetzt hat, und der Sicherung der jeweiligen Macht- und Besitzverhältnisse. Unter der Herrschaft dieses Rechts vermag der Wohlhabende und Einflußreiche seine Interessen besser zu wahren, als dies weniger Privilegierten möglich ist. Außerdem gehören die Richter meist selbst zum Kreis der Begüterten und »Hochgeachteten« (3).

Wie dagegen sähe ein Recht aus, gesetzt und gesprochen von Macht- und Einflußlosen? Aber das gab's noch nie. Aufgrund eigener Geschichtserfahrungen – man denke z. B. an die Exodus-Überlieferung (2. Mose) – war in Israel jedoch der Glaube lebendig geblieben, daß Jahwe gerade den Macht- und Einflußlosen (z. B. Waisen, Unterdrückten, Psalm 10,18) Recht zu schaffen wisse, ihnen früher oder später auch Recht schaffen werde. Nicht ein zum Staat geronnener Status quo der Machtverhältnisse galt als höchste Rechtsinstanz, »sondern unmittelbar Gott« (Gerhard von Rad). Deshalb ruft hier der Beter, offensichtlich nicht zu den Privilegierten zählend, in seinem Rechtsstreit den »Gott meiner Gerechtigkeit« (2) an gegen die Leerreden, ja Lügen der Hochgeachteten (3).

Ort des Rechtsstreites dürfte der Tempel gewesen sein, wo Opfer (6) dem Rechtsentscheid vorausgingen. Der Entscheid selbst fiel möglicherweise durch einen Orakelspruch.

Tempel, Opfer, priesterliche Rechtsfindung sind längst Historie, gehören der Vergangenheit an. Daß Gott aber keineswegs die Interessen der Mächtigen, sondern die Rechte der Machtlosen und Bedrängten einklagt und vertritt, bleibt festgeschrieben – hier wie in der ganzen Bibel. Die Gerechtigkeit Gottes besteht in seiner Solidarität mit den Schwachen, Armen, Verfolgten.

Psalm 5

1 Dem Chorleiter. Zum Flötenspiel. Ein Psalm **Davids**.
2 Höre, Herr, auf meine Worte,
merke auf mein Seufzen!
3 Vernimm mein lautes Schreien,
mein König und mein Gott!
Denn zu dir bete ich.
4 Frühmorgens hörst du mein Schreien.
Frühmorgens rüste ich dir das Opfer
und spähe aus nach dir.
5 Denn du bist nicht eine Gottheit,
die Lust hat am Frevel,
kein Böser ist bei dir Gast,
6 Prahler dürfen dir nicht vor die Augen treten,
die Übeltäter hassest du alle,
7 die Lügner lässest du schwinden.
Der Mörder und der Betrüger sind dem Herrn **ein Greuel**.
8 Ich aber gehe dank deiner großen Gnade ein in **dein Haus**,
werfe mich in der Halle des Heiligtums hin
in Ehrfurcht vor dir.
9 Herr, leite mich in deiner Gerechtigkeit
um meiner Verleumder willen,
ebne vor mir deinen Weg!
10 Denn in ihrem Mund ist nichts Wahres,
ihr Inneres ist Verderben,
ihre Kehle ein geöffnetes Grab,
ihre Zunge glatt.
11 Laß sie büßen, o Gott,
laß sie stürzen durch ihre Pläne!
Ob ihrer vielen Frevel stoße sie weg,
denn sie trotzen dir.
12 Freuen aber werden sich alle,

die dir vertrauen, und jubeln
und sich an dir entzücken, die deinen Namen lieben.
13 Denn du, Herr, segnest die Bewährten,
beschirmst sie mit Gnade wie mit einem Schild.

1

»Im Alten Testament erweist sich Jahwes Huld in der vollen Diesseitigkeit.« (Hans-Joachim Kraus) Die Lösung anstehender Konflikte, die Einlösung vorenthaltener Rechte kann somit nicht über das physische Dasein hinausverlagert, in kein Jenseits verlagert werden. Das erklärt die leidenschaftliche, emotional unverblümte Intensität der Klagen und Anklagen, Bitten und Unschuldbeteuerungen in den Psalmen.

Auch der Tempel in Jerusalem verwies keineswegs auf ein Jenseits nach dem Tode. Sinnenhaft bezeugte er im Gegenteil Gottes Gegenwart im Diesseits. Ordnend griff der Tempelkult mit seiner Rechtsauslegung und Rechtssprechung in den gesellschaftlichen oder privaten Alltag ein. Gottes Gerechtigkeit schwebte nicht erhaben über den Dingen dieser Welt – als Idee, als Utopie –, vielmehr wurde sie durch priesterliche Rechtssprüche fortwährend umgemünzt ins Kleingeld alltäglicher Entscheide.

2

Frühmorgens im Tempel (4) bereitet ein rechtssuchender Beter sein Opfer vor (4). Als Zaddik, als ein »Bewährter« (13) galt, wer am Kult überhaupt teilnehmen durfte, denn Frevlern jeder Art blieb die Teilnahme verwehrt (5–7).

Ausspähend (4) wartet und harrt der Beter offenbar auf einen Priester, der das zugerüstete Opfer darbringen und alsdann mit einem Gottesspruch, einer konkreten Weisung den Konflikt zwischen dem Beter und seinen Verleumdern (9) entscheiden wird.

Offen bleibt, ob der Psalm ein Einzelerlebnis wiedergibt oder Gebetsvorlage ist für Menschen in vergleichbarer Situation, die im Heiligtum der Darbringung ihres Opfers und des erbetenen Rechtsspruches harren (8).

3

Vermutlich haben Tempelkult und Priesterdienst den Erwartungen, wie sie u. a. Psalm 5 zum Ausdruck bringt, im Laufe der Zeit immer weniger genügen können. Dazu mag die Kommerzialisierung zum wirtschaftlichen Nutzen eines mächtigen Interessenfilzes von Oberschicht und Tempelhierarchie zuletzt manches beigetragen haben, wie sich aus dem Bericht von der Vertreibung der Händler und Wechsler durch Jesus schließen läßt (Matthäus 20,12ff. und Parallelen).

Das Judentum jedenfalls überlebte auch ohne Tempel und selbst in der weltweiten Zerstreuung. Niemand denkt heute noch im Ernst an die Errichtung eines neuen Tempels im Staat Israel. Opferkult und Priesteramt erwiesen sich als entbehrlich. Der Prophetismus hingegen, tempelkritisch schon immer (Jesaja 1,11–17; Jeremia 7,3–28; Hosea 6,6), überdauerte, mit ihm das Judentum selbst. Nach der Zerstörung des Tempels setzte die rabbinische Schriftauslegung (Talmud) die Ummünzung von Gottes Gerechtigkeit ins »Kleingeld« alltäglicher Konfliktbereinigungen auf andere Weise fort. Die hebräische Bibel wurde zum »portativen Vaterland« (Heinrich Heine), in gewissem Sinne auch zum portativen Tempel der Juden, zum heiligen Wort-Ort einer ehrfürchtigen Lese- und Kommentierungsliturgie. »Im jüdischen Denken gibt es die Obsession dessen, was bleibt, wo alles zusammenbricht; dessen, was einzig in den Wörtern des BUCHS gefunden werden kann, welches die hinfälligen Seiten unsrer Bücher überdauert hat und für immer überdauern wird.« (Edmond Jabès) So steht das BUCH denn im Mittelpunkt der synagogalen Gottesdienste, wird aber auch für den einzelnen zum Heiligtumsboden, wo er sich niederwerfen kann (8) in betender, anbetender Auseinandersetzung mit Gott.

Psalm 6

1 Dem Chorleiter. Mit Saitenspiel auf der Achten. Ein Psalm Davids.
2 Herr, strafe mich nicht in deinem Zorn
und züchtige mich nicht in deinem Grimm!
3 Erbarme dich, Herr, denn ich verschmachte,
heile mich, denn meine Gebeine sind zerfallen
4 und tief verstört ist meine Seele
– du aber, o Herr, ach bis wann noch?
5 Kehre wieder, Herr, errette mein Leben,
befrei mich um deiner Gnade willen!
6 Im Tode gedenkt man deiner nicht,
in der Unterwelt – wer preist dich da?
7 Erschöpft bin ich vom Seufzen,
tränke allnächtlich mein Lager mit Tränen.
8 Stumpf ward mein Auge vor Kummer,
starrt trüb auf meine Bedränger.
9 Weicht von mir, all ihr Übeltäter,
denn der Herr hat mein Weinen gehört!
10 Gehört hat der Herr mein Flehen,
der Herr nimmt mein Beten an.
11 Schande und Schrecken trifft hart
all meine Feinde, sie lassen augenblicklich ab.

1

Disponierende Anweisungen (1) erinnern stets wieder daran, daß die Psalmen gottesdienstliche Chorgesänge, Tempelgesänge waren oder im Laufe der Zeit zu solchen geworden sind. Die Nennung einer Autorschaft Davids, des Sängers und Königs, ist dabei nicht als Urhebernachweis im heutigen Sinne zu verstehen, eher wohl als eine Art Personalemblem für die unlösbare Verbindung des individuellen mit dem kollektiven Heilsgeschehen. Nur weil Gott seinen Bund mit dem Volk schloß, ist er der Gott auch jedes einzelnen.

2

Trotz Erschöpfung und nächtlicher Schlaflosigkeit (7) sucht ein Kranker (3), ob seiner Krankheit tief Verstörter (4), den Tempel auf, nimmt – möglicherweise unter Aufbietung letzter Kräfte – am Kult und an der Kultgemeinschaft teil, denn in seiner schweren Erkrankung erkennt er Gottes Zorn und Grimm (2). Ein Bußopfer begleitet vielleicht den Bittruf »Erbarme dich, Herr!« (3). Jedenfalls signalisiert der körperliche Zerfall den Zerfall der Gottesbeziehung, enthüllt Verirrung, Schuld, als die wahre Krankheitsursache. Ihr ist nicht mit Heilmitteln, sondern nur mit Heil beizukommen, d. h. mit einer neuen Zuwendung dessen, bei dem Vergebung für Einsichtige und Umkehrende ist und der einst versprach: »Ich, der Herr, bin dein Arzt.« (2. Mose 15,26)

Heil, Heilung könnte die Gemeinschaft mit Gott wiederherstellen. Um so bestürzender deshalb die Möglichkeit eines – altersmäßig wohl vorzeitigen – Sterbens, führte es doch in die Kult- und Gemeinschaftslosigkeit. Für Tot-Sein ist »Unterwelt« (6) eher noch ein beschönigendes Bildwort. Radikaler müßte es »Un-Welt« oder »Nicht-Welt« heißen, soll doch ein Nicht-Zustand umschrieben werden, der den Verlust von Gotteserinnerung und Gotteslob miteinschließt.

Im Bundesvolk der Bibel war der Gottesglaube nie verknüpft mit dem Glauben an ein individuelles Fortleben nach dem Tod. Eine Instrumentalisierung Gottes im Dienst menschlicher Selbstverewigungswünsche hat hier nicht stattgefunden. Im Gegenteil: Israel ist der leidens- und leidenschaftsvolle Beweis für die Möglichkeit eines jenseitsungläubigen Gottesglaubens.

War für den Beter, für die Sänger dieses Psalms mit dem Tode somit »alles aus«? Eine solche Fragestellung ist deshalb unangemessen, weil sie dem neuzeitlichen Subjektivismus entspringt, für den das Ich »alles« ist. Dieses Ich wird im Tod allerdings erlöschen, es muß sich selbst und, was für den Israeliten schlimmer war, die Kultgemeinschaft der Gottesrühmung preisgeben. Offen stellt Israels Glaube sich der Realität und Radikalität des Todes. Um so heftiger klammert er sich dafür an Gottes Heilszusagen für das Leben diesseits der Todesgrenze. Das lädt die Klagen und Bitten der Psalmen mit einer oft bis zur Verzweiflung wilden Intensität auf, von der sich kaum eine Vorstellung machen kann, wer von vornherein meint, mit jenseitigen Erfüllungen, Ausgleichen, Versöhnungen rechnen zu dürfen. Davon aber, daß mit dem Tode des einzelnen »alles aus sei«, kann keine Rede sein. Weder Gott noch sein Volk werden jemals »aus« sein, denn »er thront über den Lobgesängen Israels« (Psalm 22,4).

Brennend aber bleibt die Frage: Weshalb ist just dieses Bibelvolk als Zeuge diesseitiger Gottesleidenschaft je und je mit Pogromen, mit Genoziden verfolgt, zu großen Teilen vernichtet worden, zuletzt durch das millionenfache »Grab in den Wolken« (Paul Celan)? Tobt sich darin ein abgründiger, wahrhaft gott-los zu nennender Haß auf das Diesseits aus, der selbst vor dessen Vernichtung unter Umständen nicht zurückschrecken wird?

3

Die hebräische Bibel bezeugt vielfältig den Bund und die Bundesgeschichte Gottes mit dem Volk Israel. Glaubwürdig wird ihr Zeugnis freilich erst durch die Absenz von Erwählungs-Duselei. Die Erwählung durch Gott ist nicht Privileg, sondern Auftrag. Ohne Schonung halten die biblischen Schriften deshalb dem Bibelvolk einen Spiegel vor, worin es seiner ruhmlosen, oft heuchlerischen, oft jammervollen Kläglichkeit stets wieder gewahr werden muß. Selbst in Israels Poesie erschrekken, ernüchtern den harmoniesüchtigen Leser zuweilen sehr schrille Töne, die von Bosheit, Feindschaft, wilden Rachewünschen künden (9–11) – Gesänge, die im dunklen Erdreich des Lebendigen wurzeln, knollig und erdverschmiert. Weder heilig noch zimperlich ging's in Gottes Bundesvolk zu! Wie in anderen Völkern stritt man, quälte einander, schonte Schwächere nicht, triumphierte schadenfreudig über Kranke und Dahinwelkende, nützte womöglich ihr Elend schamlos aus (8). Alles andere als ideale Mitmenschlichkeit! Gott und seine Priester im Heiligtum hatten viel schlichtende, zurechtrückende Leib- und Seelsorgearbeit zu verrichten. Auch im Fall, den Psalm 6 beschreibt, scheint ein priesterlicher Gottesspruch den Tempelbesuch und das Opfer des schwer Erkrankten positiv, d. h. mit einer Zusage göttlicher Vergebung und Heilung, abgeschlossen zu haben, so daß die Feinde sich abwenden müssen (10–11).

Psalm 7

1 Ein Lied Davids, das er dem Herrn sang wegen des
Benjaminiten Kusch.
2 Herr, mein Gott, bei dir suche ich Zuflucht!
Rette mich vor meinem Verfolger,
3 daß er mich nicht wie ein Löwe zerreiße,
und keiner ist da, mich zu befreien.
4 Herr, mein Gott, wenn ich dies getan habe,
wenn Unrecht an meinen Händen klebt,
5 wenn ich dem mir freundlich Gesinnten Böses antat
und ausnützte den, der mich grundlos bedrängte —
6 wohlan, so mag der Feind mich verfolgen und einholen!
Er stampfe mein Leben zu Boden
und lege meine Ehre in den Staub. Sela.
7 Steh auf, Herr, in deinem Zorn,
erhebe dich wider das zornige Aufwallen meiner Feinde
und wache zu mir hin im Gericht,
das du entboten hast!
8 Die Schar der Völker umringe dich
und du – throne in der Höhe über ihnen!
9 Der Herr richtet die Völker.
Schaffe mir Recht, Herr, nach meiner Gerechtigkeit
und nach meiner Unschuld!
10 Mach der Bosheit der Frevler ein Ende,
den Bewährten aber richte auf!
Der Herzen und Nieren prüft,
gerechter Gott!
11 Mein Schild über mir ist Gott,
ein Befreier derer, die redlichen Herzens sind.
12 Der Herr ist ein Richter der Bewährten
und ein Gott, der täglich anmahnt.
13 Fürwahr, wiederum schärft der Feind sein Schwert,
spannt seinen Bogen und zielt.
14 Doch sich selbst rüstet er die Mordwaffen zu,

bringt seine Brandpfeile zum Glühen.
15 Sieh da: Frevel empfängt er, geht schwanger
mit Unheil und gebiert Trug.
16 Eine Grube grub er und schaufelt sie aus,
doch er selber fällt in die Grube,
die er gemacht hat.
17 Der Frevel kehrt zurück auf sein Haupt,
auf seinen Schädel senkt sich seine Untat.
18 Ich preise den Herrn, denn er ist gerecht,
und lobsinge dem Namen des Höchsten.

1

Daß Altäre, heilige Bezirke, Tempel Verfolgten in früheren Zeiten oft eine vorläufige Zuflucht mit Schutz für Leib und Leben gewährten, geht auf uralte Tabu-Vorstellungen zurück. Mit andern alten Tabus hat die Neuzeit auch dasjenige sakraler Orte und Räume fast gänzlich abgebaut. Der politische Bemächtigungswille, fortzu umfassender geworden, läßt sich keine Handlungsgrenzen mehr vorschreiben. Zwar waren die Entwürdigung von Kirchen durch Bolschewisten und erst recht die Schändung und Zerstörung von Synagogen durch die nationalsozialistische Staatspartei Extremfälle. Doch auch Demokratien behalten sich ein Interventionsrecht in Kultgebäuden vor und anerkennen die Asylfunktion von Kirchen, Synagogen, Tempeln meist nicht mehr. Trotzdem suchen an Leib und Leben bedrohte Menschen z. B. in Guatemala, El Salvador oder anderswo nach wie vor Zuflucht in Kirchen. Dasselbe versuchten in der Schweiz Flüchtlinge aus Chile, aus der Türkei. In den Kirchen schützt sie aber kein Gesetz, sondern bestenfalls die Scheu der Behörden, mit der Polizei in Sakralräumen zu intervenieren, denn noch immer werden Aktionen der Staatsgewalt in gottesdienstlichen Räumen von vielen als Sakrileg empfunden, als Respektlosigkeit der Staatsmacht gegenüber der Machtsphäre des Heiligen oder Göttlichen. Zudem hat das 20. Jahrhundert übergenug schlimme Erfahrungen machen müssen mit einer Staatsgewalt, der, wie der Volksmund sagt, »nichts mehr heilig ist«.

2

Von einem wütenden Feind und Verleumder verfolgt (2–4), sucht der Beter des Psalms im Tempel nicht allein Asylschutz, er sucht darüber hinaus Rechtshilfe bei Gott (9), damit seine Unschuld klargestellt wird und dadurch die Anklage auf den Ankläger zurückfällt (15–16). Eine wohl alltägliche Szene im Tempel, denn hier, in der Dunkelheit des Allerheiligsten, throntе Jahwe als höchster Richter über der Lade des Bundes (Psalm 99,1; Jesaja 6,1–3). Seine Rechtsentscheidungen und -weisungen wurden durch Priester vermittelt (5. Mose 17,8–11). Wer hartnäckig seine Unschuld beteuerte, mußte einen Unschuldseid leisten, der oft von einer symbolischen Handwaschung sowie einem Altarumgang begleitet war – so jedenfalls stellt es Psalm 26,6 dar: »Ich wasche meine Hände in Unschuld, / ich umwandle deinen Altar.« Könnte Psalm 7 vielleicht ein Gebetsformular für diesen rituellen Akt gewesen sein?

Wie immer auch: Der Tempel in Jerusalem bot Bedrängten und Verfolgten nicht allein nur Freiraum und Asyl, er bot ihnen ebenfalls Jahwes Rechtshilfe an. Sie erst hat den Zufluchtsort zum Befreiungsort gemacht. Hier ging nicht Gnade vor Recht, es erging verbindliches Recht, Gottesrecht. Dieses beschränkte sich freilich nicht vornehm-distanziert auf die Verlautbarung großer Linien und hehrer Grundsätze. Vermittelt durch Priester und oft durch Orakel, wurde das Gottesrecht täglich in kasuistisch-konkrete Entscheidungen oder Weisungen umgesetzt. Dies geschah im Hinblick vor allem auf die »kleinen Leute«, die von hehren Grundsätzen nicht leben können, sondern als Arme, Gebeugte, Verfolgte darauf angewiesen sind, gegen die Übergriffe Reicherer und Mächtigerer zu ihrem Recht zu kommen oder in ihren Rechten nachdrücklich geschützt zu werden. Jahwe ist keine Justitia mit verbundenen Augen, im Gegenteil, er hat offene Augen, er sieht, wie die Dinge tatsächlich stehen oder laufen, wie Mächtige mit den Elenden umspringen. Im Vertrauen darauf wird er angerufen, um richterliches Eingreifen gebeten, er, »ein Befreier derer, die redlichen Herzens sind« (11), alles andere als ein Formaljurist, Formalrichter.

3

»Wer andern eine Grube gräbt, fällt selbst hinein.« Diese Sentenz ist seit alters her in vielen Variationen verbreitet und volkstümlich geworden. Hier (16) kommt sie ebenso vor wie in Psalm 57,7 und ähnlich in Sprüche 26,27 und 28,10. Psalm 9,16 überträgt die Sentenz vom Leben des einzelnen auch auf das Leben von Völkern: »Versunken sind die Völker in der Grube, / die sie bereitet haben, / im Netz, das sie legten, verfing sich ihr Fuß.«

Daß der Versuch, andere zu schädigen, in der Art einer immanenten Nemesis zur Selbstschädigung wird, kommt zweifellos häufig vor, ist dennoch aber, wie gerade die Geschichte Israels und der Juden zeigt, keine Gesetzmäßigkeit. Wenn Übeltäter ihren Übeltaten selber zum Opfer fallen, ist dies nicht selbstverständlich, sondern eine Folge von Jahwes richterlichem Handeln (9–15). Auch die scheinbar immanente Nemesis geht zurück auf den Gott, der Bedrängten Recht und Befreiung schafft. Ihm gebührt deshalb Anbetung und Lob (18). Dadurch freilich wird die Frage nur desto brennender, warum Jahwe nicht in allen Fällen die Übeltäter an ihren Übeltaten zugrunde gehen läßt, warum stets von neuem nicht die Hochfahrenden und Frevler, sondern ihre hilflosen, elenden Opfer in der Grube enden müssen.

4

»Für Israel war alles Recht göttlichen Ursprungs.« (Gerhard von Rad) Aber auch Rechtsfindung und Rechtsprechung blieben, jedenfalls letztinstanzlich, in der unmittelbaren Kompetenz Jahwes. Er, der einst, die Welt erschaffend, das Chaos ausgrenzte, um Lebensräume für alle Kreaturen zu schaffen (1. Mose 1), grenzt durch sein Recht und seine Rechtsprechung ebenso das gesellschaftliche Chaos aus, das allezeit hereinbrechen kann, wenn dem Treiben der Mächtigen und Rücksichtslosen keine Schranken gesetzt werden. Im Recht geht es somit um Gottes Sache, um den Weg seiner Gerechtigkeit, der zum »Schalom« hinführen will, zum gedeihlichen Zusammenleben von Starken und Schwachen, von Mächtigen und Gebeugten, von Gesunden und Kranken. Daß der Bund Jahwes mit Israel derart stark im Gottesrecht und in sakraler Rechtsprechung verankert war, hat viele historische Gründe. Uns Späteren zeigt Jahwes leidenschaftlicher Rechtswille noch immer mit großem Nachdruck, »daß die Menschenrechte nicht gesetzlich geschützte Interessen der Gesellschaft sind, sondern heilige Interessen Gottes« (Abraham J. Heschel).

Psalm 8

1 Dem Chorleiter. Nach der githitischen Weise. Ein Psalm Davids.
2 Herr, unser Herrscher,
wie herrlich ist dein Name in aller Welt.
Du, dessen Hoheit gepriesen wird über den Himmel hin:
3 aus dem Munde der Kinder und Säuglinge
hast du ein Bollwerk errichtet
gegen deine Widersacher, um ein Ende zu bereiten
dem Feind und dem Rachgierigen.
4 Wenn ich deine Himmel anschaue,
das Werk deiner Finger,
den Mond und die Sterne, die du hingesetzt hast:
5 Was ist der Mensch, daß du sein gedenkst,
und des Menschen Kind, daß du dich seiner annimmst?
6 Du machtest ihn wenig geringer als Engel,
mit Ehre und Glanz kröntest du ihn.
7 Du hießest ihn walten über das Werk deiner Hände,
hast ihm alles zu Füßen gelegt,
8 Schafe und Rinder allesamt,
dazu auch die Tiere des Feldes,
9 Vögel des Himmels und Fische im Meer,
was die Wege der Wasser durchzieht.
10 Herr, unser Herrscher,
wie herrlich ist dein Name in aller Welt.

1

Stets sind die Psalmen – auch wo sie klagen, anklagen, Unschuld beteuern, Feinde verwünschen usw. – »Lobgesänge«, »Preisungen« (so muß wohl verdeutscht werden). Ihre Lobpreisung gilt dem Geheimnis des göttlichen Namens, Eigennamens (2), der da lautet »Jahwe«. Seine hebräische Schriftform ist das Tetragramm (Vierletternwort) JHWH. »Dieser Name nimmt theologisch die Stelle ein, an der sich in anderen Kulten das Kultbild befindet.« (Gerhard von Rad) Im Eigennamen wendet Jahwe sein »Antlitz« den Menschen zu, um mit ihnen zu reden, um mit sich reden zu lassen, um mit uns ins Gespräch zu kommen. Verbirgt er sein Antlitz (Psalm 27,9; 44,25 und öfters), so erschrickt der Fromme (Psalm 30,8), weil er fürchtet, durch schuldhaftes Verhalten Jahwe erzürnt, den Dialog mit ihm zerstört zu haben. Wendet dieser sein Antlitz aber einzelnen oder vielen zu, leuchtet Licht (Psalm 89,16), herrscht Freude (Psalm 21,7), denn nun ist er präsent, nun hört er, nun spricht er, sei's in konkreter Weisung, sei's in Taten des Heils und der Heilung. Jedenfalls ist Jahwes Gegenwart immer ereignishaft, kein zeitfern gleichbleibendes Sein. Entsprechend deutet, den Anklang von »Jahwe« ans hebräische Zeitwort »ejeh« (= »sein«) nutzend, 2. Mose 3,14 den göttlichen Namen als »Ich bin (da), (als) der ich (da) bin« oder, da die hebräische Sprache für Gegenwart und Zukunft die gleiche Zeitform verwendet: »Ich werde da sein, als der ich (je und je) da sein werde.« Damit ist gesagt, er werde zwar immer da, jedoch nie magisch beschwörbar oder in anderer Weise verfügbar sein. Sein Beistand, seine Erscheinungsform oder Handlungsweise ist nicht festgelegt, deshalb auch nicht vorausbestimmbar. Zu gegebener Zeit wird er, der Treue, aber da sein und sprechen. »Hier bin ich!« (Jesaja 52,6)

Ist damit das Rätsel des Eigennamens »Jahwe« gelöst? Überhaupt nicht! Die Deutung in 2. Mose 3,14 war bereits eine nachträgliche, allerdings sinnreiche Rationalisierung. Die Herkunft des Namens bleibt ungeklärt. Es steht nicht einmal fest, ob ihm eine Nominal- oder eine Verbalform zugrunde liegt. Einige Forscher griffen auf die arabische Wurzel hwj = »leidenschaftlich sein« zurück. Andere verwiesen auf den auch im Arabischen überlieferten Ausruf, Anruf »Jahu!«, »O Er!« Dennoch bleibt der Name ein Geheimnis. Verbirgt sich hinter ihm ein Zeitwort, ein Hauptwort – und wäre dieses tatsächlich rein männlich bestimmt, oder hat das Patriarchat es vielleicht zu einem maskulinen Wort gemacht? Selbst das Gebot, sich von Gott kein Bild zu machen, enthält bereits ein solches, nämlich das eines nur männlichen Gottes. Gerade solchen Festlegungen aber verweigert sich der Name. Seine Herrlichkeit in aller Welt (2) erweist sich nicht zuletzt darin, daß er anders ist – anders als andere Namen, anders als alles, was wir wissen und erwarten. Darum ist auch Jahwes Macht anders als das, was wir sonst als Macht ausüben oder erleiden: ihre Stärke ist das Lob aus Kinder- und Säuglingsmund! (3) Insofern ist sie die Gegen-Macht, Nicht-Macht schlechthin, stützt sich in ihrer Hoheit auf die Niedrigkeit, in ihrer Universalität auf Unmündige, Wehrlose. Zweifellos ist eine solche Macht alles andere als männlich-patriarchal! Kein Wunder auch, daß Jesus diese Stelle – einzigartig übrigens in der hebräischen Bibel! – jenen entgegenhielt, die sich im Tempel über das Hosiannageschrei aufregten, mit dem ihn Kinder begrüßten (Matthäus 21,15f.).

Im Geheimnis des Namens offenbart Gott seine Freiheit. Nur einmal im Jahr ist sein Name vom Hohepriester im Tempel zu Jerusalem ausgesprochen worden, am Versöhnungstag. Seit der Zerstörung des Tempels bleibt der Name ganz in die Unaussprechbarkeit zurückgenommen, mit einem Verbot tabuiert – nicht end-gültig zwar, sondern in der messianischen Erwartung einer neuen und lauteren Sprache, mit der dereinst alle Völker ihn lobpreisend ausrufen werden. Im Horizont dieser Zukunft entwickelte die jüdische Mystik, die Kabbala, ihre Vorstellung, daß alle Sprachen aus dem Namen Gottes hervorgegangen seien und in diesem zuletzt auch ihre Fülle und Erfüllung finden werden.

Bis dahin gilt im Judentum: »Der Name Gottes ist ansprechbar, aber nicht aussprechbar.« (Gershom Scholem)

Das biblische Tetragramm JHWH lesen die Juden als »Adonai«, Herr, und ersetzen hierdurch den Eigennamen durch einen Herrschaftstitel. Die Septuaginta, die griechische Übersetzung der hebräischen Bibel, setzte für JHWH ebenfalls »kyrios«, Herr, ein. Ihrem Beispiel folgten alle späteren Bibelübersetzungen, so auch die deutschsprachigen, womit unter Juden wie Christen die Rede von Gott weiter- und weithin durch das Verbot bestimmt bleibt, den Namen »Jahwe« auszusprechen. Christlichen Bibellesern ist dies in der Regel kaum noch bewußt, so daß sie Wörter wie »Gott« oder »Herr« für Namen Gottes halten. »Gott«, »Herr« sind jedoch Begriffe, nicht Namen. Begriffe können zu Gemeinplätzen, zu Worthülsen, Clichés werden. Eigennamen widerstehen solcher Sinnauflösung, sie bezeugen Eigen-Sein, Eigen-Sinn, Eigen-Willen, d. h. ein Subjekt-Sein, das auf keinen Begriff zu bringen ist. Das Verschweigen hat den Namen Gottes davor bewahrt, zum Begriff zu werden. Es entspricht dem stillen Dunkel im Allerheiligsten des Tempels, wo Jahwe einst seine Wohnstatt haben wollte (1. Könige 8,12). Danach und seither, in der Zeit des portativen Tempels BUCH, hat er seine Wohnstatt gewissermaßen im akustischen Dunkel der Namensverschweigung aufgeschlagen. Wächtergleich schützt ihn hier das Ersatzwort »Herr« – nicht ohne Erfolg! Von frommem oder frechem Mißbrauch, den die Begriffe »Herr« oder »Gott« erleiden müssen, blieb der Name weitgehend verschont.

2

Das Wächter- und Schutzwort »Herr« steht im Dienste des Namens. Somit legt nicht der Begriff »Herr« den Namen aus, sondern umgekehrt: der Name in seinem Eigen-Sein, Eigen-Sinn, Eigen-Willen legt aus und bestimmt das Herr-Sein. Darum ist dieses stets wieder auf überraschende Weise *anders*, als nach gängigen Vorstellungen und Erfahrungen zu erwarten wäre. Das gilt ebenfalls von der Herrschaft Jahwes in der Schöpfung (4). Was wissen wir schon davon, wie er hier am Werk ist? Nichts wissen wir (Hiob 38–39!). Letztendlich bleibt, falls wir nicht bis zur Gleichgültigkeit abgestumpft sind, ein »nie endendes Staunen über die Tatsache, daß es überhaupt Tatsachen gibt« (Abraham J. Heschel), bleibt die Verwunderung auch über die königliche Rolle, die der große Gott den kleinen Menschen in der Welt zugedacht hat (5–9).

Und jetzt, wo wir feststellen müssen, daß unser Walten das Werk seiner Finger (4), seiner Hände (7) immer heilloser zerstört?

Umkehr, ja! Zu einem liebevolleren, heilvolleren Umgang mit allem Geschaffenen, das wir weder geschaffen haben noch neu schaffen können (wozu, noch einmal, in Hiob 38–39 alles zu Bedenkende gewaltig gesagt ist!). Die Rede vom »Werk seiner Hände«, vom »Werk seiner Finger« führt bildhaft vor Augen, wie sorgfältig, wie liebevoll, ja fühlsam der Schöpfer am Werk ist, um alles mit allem zusammenzufügen, in Gang zu bringen, lebendig zu machen – mit sinnlichem Gespür, mit Fingerspitzengefühl. Anthropomorphismen, ja! Bildrede, gewiß! Gerade so aber die dringende Bitte an uns Menschen, nun auch unsererseits mit ehrfürchtiger Sorgfalt, mit wacher Sinnlichkeit zu »walten über das Werk deiner Hände« (7).

Die notwendige Umkehr kann wohl nur eine Frucht des Staunens, der tiefen Verwunderung sein – worüber?

Über alles.

Psalm 9

1 Dem Chorleiter. Nach »Stirb für den Sohn«. Ein Psalm Davids.
2 Danken will ich dir, Herr, von ganzem Herzen,
will erzählen all deine Wunder,
3 will mich freuen an dir und frohlocken,
will deinem Namen singen, du Höchster!
4 Denn meine Feinde wandten sich um,
strauchelten und vergingen vor deinem Antlitz.
5 Du hast mein Recht und meinen Streitfall geführt,
hast auf den Thron dich gesetzt, ein gerechter Richter.
6 Völker hast du gescholten, die Frevler hinweggewischt,
ihren Namen gelöscht auf immer und ewig.
7 Dahin ist der Feind, in Trümmern für ewig.
Du hast Städte gestürzt, ihr Ruhm ist vorbei.
8 Im Zorn hat der Herr seinen Platz eingenommen für immer,
hat seinen Thron zum Gericht aufgestellt.
9 Er richtet den Erdkreis in Gerechtigkeit,
spricht den Völkern ihr Urteil nach Gebühr.
10 So wird der Herr eine Burg der Bedrängten,
eine Burg in Zeiten der Not.
11 Darum vertrauen auf dich, die deinen Namen kennen,
denn die dich suchen, verlässest du nicht, o Herr.
12 Singet dem Herrn, der seinen Sitz auf dem Zion hat,
verkündet seine Taten unter den Völkern!
13 Denn er sucht heim die Bluttat und denkt an sie,
und nicht vergißt er den Schrei der Armen.
14 Der Herr war mir gnädig, er sah,
wie elend ich war durch die, die mich haßten.
Er hob mich auf, enthob mich den Pforten des Todes,
15 damit ich erzähle all deinen Ruhm,
in den Toren der Tochter Zion frohlocke ob deiner Befreiung.

16 Versunken sind die Völker in der Grube,
die sie bereitet haben,
im Netz, das sie legten, verfing sich ihr Fuß.
17 Der Herr tat sich kund, hielt Gericht,
im Werk seiner Hände hat sich der Frevler verstrickt.
Sela.
18 Zur Unterwelt müssen die Frevler kehren,
alle Völker, die Gott vergessen.
19 Denn nicht für immer bleibt der Arme vergessen,
nicht entschwindet die Hoffnung der Elenden auf ewig.
20 Stehe auf, Herr, daß der Mensch nicht trotze,
daß die Völker vor dir gerichtet werden.
21 Lege, Herr, einen Schrecken auf sie,
damit die Völker erkennen, daß sie nur Menschen sind.
Sela.

Daß Jahwe sich mit einem Haufen rechtloser Sklaven verbündete und nicht, wie in den Mythen und Königsideologien der Nachbarvölker, mit Herrschern, mit Königen, blieb eine zentrale und potentiell subversive Glaubenserinnerung Israels. In Zeiten kollektiver oder individueller Drangsal weckte diese Erinnerung jedenfalls stets wieder die Gewißheit: »Nicht für immer bleibt der Arme vergessen!« (19)

Freilich: in Angleichung an die Monarchien anderer Völker war auch Israel eine Monarchie geworden, die, wie könnte es anders sein, ihre eigenen Mythen, ihre eigene Ideologie entwickelte. Dem sollte nicht zuletzt das königliche Zentralheiligtum in Jerusalem, der Tempel, dienen. So bestand durchaus eine Liaison von Thron und Altar. Daß der Tempel dennoch mehr, dennoch etwas noch anderes war als bloß eine Stätte religiöser Herrschaftsverklärung, hängt mit der erwähnten Glaubenserinnerung zusammen an Gottes Bund mit einer Schar namenloser Sklaven. Außerdem war Israel gewarnt und von Anfang an auf die sozialen Folgen und die fragwürdigen Ambitionen jeder Königsherrschaft aufmerksam gemacht worden. Seinerzeit hatte schon Gideon die ihm angetragene Königswürde mit den Worten abgelehnt, die danach in der Königskritik mancher Propheten weitergewirkt haben: »Ich will nicht über euch herrschen und auch mein Sohn soll nicht über euch herrschen; Jahwe soll über euch herrschen« (Richter 8,23). Der von andern Völkern übernommenen Vorstellung vom König als dem Bevollmächtigten (»Sohn«) Gottes stand deshalb immer die andere und ältere Vorstellung entgegen, daß einzig und unmittelbar Jahwe der König Israels sei. So kam es, daß nach israelitischem Glauben Jahwe zwar unsichtbar Platz nahm über dem Thron der Lade (5) und somit im königlichen Heiligtum. Von hier aus hielt er jedoch Gericht, um den Schwachen, den um ihre Rechte Betrogenen, den Verelendeten Recht zu schaffen, vorab jenen, deren Verzweiflung sich nur noch als Schrei zu artikulieren vermochte (13). So war der Tempel zwar durchaus auch eine Stätte, wo Könige und Königsherrschaft wie etwa in Psalm 2 glorifiziert worden sind. Gleichzeitig aber war er Zufluchts-

und Hoffnungsort der gedemütigten Armen. Hier klagten sie ihre Rechte ein – nicht beim König, sondern beim »Höchsten« (3), der, solidarischer als Könige jemals, »aus dem Dreck den Armen erhebt« (1. Samuel 2,8; Psalm 113,7). Vor Jahwes Antlitz »vergehen« (4) die Feinde der in die Enge getriebenen Armen.

Tempel menschlicher Könige, zugleich aber auch Tempel des Königs Jahwe – in dieser Spannung existierte das Heiligtum in Jerusalem. Sie widerspiegelt sich auch in den Tempelgesängen, den Psalmen. Jedenfalls blieb der Glaube lebendig, daß Jahwe Israels wahrer König und Befreier sei (15). Nicht die Königsburg, Jahwe selbst ist die Zuflucht der Bedrängten, »eine Burg in Zeiten der Not« (10). Könige mögen das Elend der Armen vergessen, nicht aber Jahwe (19), der mit den Armen solidarisch bleibt, immer neu für ihre Rechte einsteht (5). Dies stand ebenfalls für den Spätjuden Jesus fest: Gottes Reich, Gottes Recht ist mit den Armen, für die Armen (Lukas 6,20). Die Mächtigen hingegen verfangen, verstricken sich allemal in den Netzen ihrer eigenen Machtlist und kommen so zu Fall (16–18).

Weiß man, ob und wie lange der Tempel sich tatsächlich als Zuflucht und Rechtshort der Armen bewähren konnte, wie und ab wann er dann doch der königlichen und priesterlichen Oligarchie willfährig, sogar zur »Räuberhöhle« (Jesus, Markus 11,17) wurde? Wie auch immer: die eigenen, die fremden und fremdbestimmten Könige verschwanden, der Tempel (der zweite) wurde im Jahr 70 nach Christus endgültig in Trümmer gelegt, das imperiale Rom triumphierte, danach das christliche. Die Synagoge überdauerte und mit ihr das Judentum in der Diaspora. Der »Schrei der Armen« (13) aber ist bis heute nicht verstummt, die Verheißung, des Magnifikat (Lukas 1,52–53) bis heute nicht realisiert. »Wenn das Christentum eine wirkliche Wahrheit in der Welt geworden wäre, so könnte es weder großen Reichtum noch große Armut mit all ihren schrecklichen Folgen geben.« (Carl Hilty)

Psalm 10

1 Warum, Herr, bleibst du in der Ferne,
verhüllst dich in Zeiten der Not?
2 In Hochmut verfolgen Frevler die Armen,
um sie zu fangen in Ränken, die sie ersinnen.
3 Denn der Frevler preist seine Gier
und segnet seinen Profit, verachtet aber den Herrn.
In seinem Hochmut denkt der Frevler:
4 »Er ahndet's nicht, es ist kein Gott.«
So sind all seine Gedanken.
5 Seine Wege geraten allezeit.
Hoch droben sind deine Gerichte, weit weg von ihm,
verächtlich schnaubt er gegen all seine Gegner.
6 In seinem Herzen spricht er: Ich werde nicht wanken,
bleibe von Geschlecht zu Geschlecht vom Unglück
verschont.
7 Voller Fluch ist sein Mund, voll Trug und Gewalttat,
unter seiner Zunge ist Unheil und Tücke.
8 Er sitzt im Gehege auf der Lauer,
erwürgt heimlich den Schuldlosen.
Seine Augen spähen nach dem Armen.
9 Er lauert im Versteck wie ein Löwe im Dickicht.
Er lauert darauf, den Armen zu fangen.
Er greift den Geringen, zieht ihn in sein Netz.
10 Er duckt sich, kauert nieder,
und es fallen die Schwachen ihm in die Klauen.
11 In seinem Herzen spricht er: »Gott hat's vergessen,
er hält sein Antlitz versteckt, sieht's in Ewigkeit nicht.«
12 Steh auf, Herr, mein Gott, erhebe deine Hand,
vergiß nicht die Gebeugten!
13 Warum darf der Frevler Gott verachten,
in seinem Herzen sprechen: »Du ahndest's nicht!«?
14 Du aber hast's gesehn! Du schaust auf Unheil und Gram,
du nimmst's in deine Hand.

Der Elende überläßt's dir, die Waise
– du bist ein Helfer!
15 Zerbrich den Arm des Frevlers und des Bösen,
ahnde seine Untat, daß sie schwinde!
16 Der Herr ist König für immer und ewig,
verschwunden sind die Völker aus seinem Land.
17 Das Begehren der Armen hast du vernommen, Herr,
du festigst ihr Herz, dein Ohr merkt auf,
18 um Recht zu schaffen der Waise und dem Bedrückten.
Nie mehr übe ein Mensch von Erde fortan Gewalt!

Und wenn dem »Schrei der Armen« (Psalm 9,13) im Tempel kein göttlicher Heilserweis, kein befreiender Rechtsspruch geantwortet hat, wenn Gott also schwieg (1) zu den Untaten, zur Gottesverachtung erbarmungsloser Profitgeier (3;11), so daß deren Pläne weiterhin schamlos gelingen konnten (5)? Der Erfolg der Frevler, in den Versen 1–11 bildkräftig dargestellt, rückt die Möglichkeit ins Blickfeld, daß Bedrängte zuweilen ihre Rechte vergeblich vor Jahwe geltend gemacht haben. Und dann? Erst recht trumpften die Ausbeuter auf (4/6/11). Der Unterlegene aber, nun noch verlorener, noch verzweifelter – was wurde mit ihm? In manchen Fällen wird er vermutlich sein Recht, seine Hoffnung und damit sich selbst aufgegeben haben, wird verstummt sein. Unter dem, was im Licht geschichtlicher oder literarischer Zeugnisse sichtbar wird, zieht unsichtbar und dunkel der Strom leidvollen Verstummtseins dahin. Grund genug, sich stets wieder Gedanken zu machen über die Theodizee, d. h. darüber, wie man unter dem Triumph des Bösen vielleicht trotzdem an Gott und am Glauben an seine Gerechtigkeit festhalten kann. Nur ist, der hier redet, kein nachsinnender Gelehrter. Er ist akut bedrängt, existentiell bedroht. Klagend, anklagend läßt er nicht davon ab, Gott anzurufen, aufzurufen (12–18), aufsässig, lästig. »Es ist die letzte Verteidigung des Armen, einfach lästig zu werden.« (Gunnar Myrdal) Im insistierenden Lästig-Bleiben krallt sich der Glaube an Gott fest mit inbrünstiger Unverschämtheit. Wer wollte sich diese in entsprechender Situation ebenfalls zutrauen? Von sich aus, denke ich, niemand. Deswegen spricht der Psalm uns vor, was, nah schon am bittern Verstummen, dennoch vor diesem bewahren kann.

Psalm 11

1 Dem Chorleiter. Von David.
Ich berge mich am Herrn!
Wie könnt ihr zu mir sagen:
»Entflieh in die Berge wie ein Vogel!
2 Denn siehe da, die Frevler spannen den Bogen,
haben ihren Pfeil schon auf der Sehne gerichtet,
um im Dunkel zu schießen auf die,
die redlichen Herzens blieben.
3 Sind die Grundpfeiler (der Rechtsordnung) eingerissen,
was vermag da noch der Bewährte?«
4 Der Herr ist in seinem heiligen Tempel.
Der Thron des Herrn steht im Himmel.
Seine Augen schauen, seine Wimpern prüfen die Menschen.
5 Der Herr prüft den Bewährten und den Frevler.
Wer Gewalttaten liebt, den haßt seine Seele.
6 Er regnet auf die Frevler mit Feuerkohlen und Schwefel.
Glutwind ist der ihnen bestimmte Trank.
7 Denn gerecht ist der Herr und liebt gerechte Taten.
Redliche schauen sein Antlitz.

1

Dem von Heimtücke, von Totschlägern Verfolgten haben Freunde zur Flucht ins unwegsame, zerklüftete Bergland geraten. Dort, so meinen sie, wäre er in Sicherheit vor den mörderischen Anschlägen seiner Feinde (1–2).

Nachstellungen, Gewalttätigkeit! Wer wähnte, die Psalmen seien nichts als religiös verinnerlichte Dichtung, muß betroffen zur Kenntnis nehmen, daß da stets wieder von derb-weltlichen Auseinandersetzungen, von der Ausbeutung Schwacher, von tödlicher Feindschaft, sogar von »silent killing« (2) die Rede geht, fast so, als wäre manch einer der Psalmautoren in die Dunkelzone unerbittlicher, beinahe mafioser Abrechnungen hineingeraten. Ist das orientalisch-phantasievolle Übertreibungsrhetorik? Oder ging's am Ende tatsächlich oft so rauh, so erpresserisch zu? Psalm 11 spiegelt eine Realität voll sozialer Ungerechtigkeit und krimineller Praktiken. Möglicherweise entstand er in einer Krisenzeit, wo die Rechtsordnung zerfallen war (3), so daß Gewalt und Erpressung ungeahndet blieben.

2

Wo Gesetzlosigkeit und das Recht des Stärkeren regieren – ist da wenigstens noch auf den Tempel als Hort des Gottesrechtes Verlaß? Doch aus dem Freundesrat, in die Berge zu fliehen, spricht Mißtrauen selbst gegen ihn. Immerhin ja war der Tempel das Zentralheiligtum des Königs und seines Staates. Die Löhne der dortigen Priester, die Kosten für Betrieb und Bauunterhalt wurden aus der Hofkasse bezahlt. Konnte da nicht der Verdacht aufkommen, der Tempel, abhängig von Herrscher und Hof, sei an den Nöten kleiner, bedrängter Leute wenig interessiert? Ohnehin hat's außerhalb Jerusalems – und auch abgesehen von der prophetischen Kritik – immer Vorbehalte gegeben gegen das königliche Zentralheiligtum und seinen religiös-politischen Vormachtsanspruch.

Explizit werden solche Vorbehalte in den Psalmen – dem Gesangbuch des *Tempels*! – freilich nie formuliert. Schließlich war auch der Chor der Leviten, der die Psalmen sang, den Gesang mit Instrumenten begleitete, vom Hof bezahlt.

3

Der Tempel – keineswegs über jeden Verdacht erhaben! So wenig wie jede andere religiöse Institution, so wenig wie die Kirchen.

Dennoch sucht ihn der Verfolgte auf, will sich nicht in Bergklüften verstecken, sondern bei und an Jahwe bergen (1). Der Glaube lebt nicht vom Tempel, der Tempel lebt vom Glauben derer, die hier vor das Antlitz Gottes treten (Psalm 95,2) im Vertrauen auf die Segensverheißung, daß es ihnen leuchten wird (4. Mose 6,25). Mag die Welt aus den Fugen, die eigene Not schier ausweglos sein, der Beter läßt sich nicht von der Gewißheit abbringen: »Redliche schauen sein Antlitz.« (7) Antlitz aber ist: erlebte Zuwendung Gottes in der anbetenden Liturgie, im erbetenen Rechtsspruch. Die Gewißheit des Psalmbeters bestätigt das spätere Jesus-Wort: »Wohl dem, der aufrichtigen Herzens ist! Er wird Gott schauen.« (Matthäus 5,8) Christen beziehen diese Verheißung meist automatisch auf eine jenseitige Gott-Schau. Doch Jesus war Jude, er kannte diesen Psalm und wußte sehr wohl, daß sein Beter von einer diesseitigen Schau des göttlichen Antlitzes sprach.

4

Wie verlottert das Recht damals, als Psalm 11 entstand, auch gewesen sein, wie dreist Gewalttat und brutale Einschüchterung geherrscht haben mochten, der Beter schließt aus diesen Zuständen nicht auf einen gewalttätigen Gott, nicht auf einen Gott der Starken und Rücksichtslosen, er hält im Gegenteil an der Überzeugung fest, daß Jahwe die Gewalttat »haßt« mit

»seiner Seele«, was besagt »mit seinem Leben« (5), d. h. mit seiner ganzen Intensität und Leidenschaft! Zwischen ihm und der rücksichtslosen Gewalt gibt es keine Gemeinschaft, keinen Kompromiß, nur schärfste Ablehnung, Verneinung. Im Vertrauen auf Jahwes weiterhinnige Unbestechlichkeit (4–5) sucht der Beter trotzdem Zuflucht und Rechtsschutz im Tempel, wo der Heilige Israels, im Himmel thronend, je und je sich niederläßt, Residenz nimmt (4) »in der Rufweite seines Volkes« (Ludwig Köhler), um Bedrängten Recht zu schaffen, die Gewalttäter aber verschmachten zu lassen (6).

Psalm 12

1 Dem Chorleiter. Auf der achten. Ein Psalm Davids.
2 Hilf, Herr, denn mit dem Frommen ist's aus,
die Treuen unter den Menschen sind verschwunden.
3 Lügen reden sie, einer zum andern,
mit glatter Zunge und zwiespältigem Herz reden sie.
4 Der Herr vertilge alle glatten Lippen,
die Zunge, die hochfahrend redet,
5 die da sagen: »Durch unsere Zunge sind wir mächtig,
unsere Lippen stehen uns bei, wer kann uns meistern!«
6 Wegen der Vergewaltigung der Armen
und dem Seufzen der Schwachen
stehe ich auf jetzt, spricht der Herr,
will Heil schaffen dem, wider den man schnaubt!
7 Die Sprüche des Herrn sind lautere Sprüche,
Silber, siebenfach in Erdtiegeln geläutert.
8 Du, Herr, wirst sie halten,
wirst (den Armen) bewahren vor diesem Geschlecht allezeit,
9 mögen Frevler auch ringsum sich ergehen,
da Gemeinheit obenauf kam unter den Menschen.

»Eine ewige Erfahrung lehrt, daß jeder Mensch, der Macht hat, dazu getrieben wird, sie zu mißbrauchen.« (Montesquieu, 1748) Gezielte Lüge ist eines der Mittel solchen Machtmißbrauchs (2). Mit ihr übertölpeln, vergewaltigen Besitz-Mächtige und Emporkömmlinge (5) die Armen (6) und erpressen sie, pressen sie aus: »Ein tödlicher Pfeil ist ihre Zunge, Trug die Rede ihres Mundes.« (Jeremia 9,8) »Wie ein scharfes Messer« (Psalm 52,4) zielt die Zunge von Rechtsverdrehern und Ränkeschmieden auf das Verderben derer, die, weil ohne reiche und einflußreiche Komplizen (ohne »Filz«), wehrlos sind. Mit täuschenden Tricks oder mit Gewalt wird für dumm verkauft und ausmanövriert, wer sich noch an Jahwes Weisungen hält (2). Ein Sittenbild aus rechtsverwilderter Zeit? Doch dürften sich auch andere Zeiten in diesem Bild spiegeln, zumal solche, die von erfolgreicher Spekulation mit Geld und Land berauscht und sozial deshalb blind geworden sind.

Der Psalmist, in den Tempel gekommen, sieht Jahwe bereits aufstehen (6), um ein Heilswort zugunsten des Armen zu sprechen, der sich ihm naht, bedrängt von seinen Peinigern (6). Daß Gott seine Macht nicht mißbraucht, ist die Hoffnung derer, die unter dem Mißbrauch wirtschaftlicher und gesellschaftlicher Macht zu leiden haben (8–9). Der ergehende Gottesspruch, dessen ist sich der Hilfesuchende gewiß, wird unbestechlich und lauter sein wie siebenfach geläutertes Silber (7): Jahwe hält sein Wort (8)!

Die Armen erwarten ihr Recht von Gott. Seine Macht ist nicht die der Mächtigen, sein Recht deshalb keine Festschreibung gegebener Machtverhältnisse. Darum bleibt er frei für deren Opfer – doch zugleich auch fremd in einer Welt, wo Gewalt und Gemeinheit die Oberhand haben (9).

Psalm 13

1 Dem Chorleiter. Ein Psalm Davids.
2 Wie lange noch, Herr? Willst du mich für immer vergessen?
Wie lange noch verbirgst du dein Antlitz vor mir?
3 Wie lange noch soll ich Sorgen hegen in meiner Seele,
Kummer in meinem Herzen Tag für Tag?
Wie lange noch erhebt sich mein Feind über mich?
4 Blicke doch her, antworte mir, Herr, mein Gott!
Erleuchte meine Augen, damit ich nicht zum Tod entschlafe!
5 Damit mein Feind nicht spreche »Ich hab ihn überwältigt«,
meine Gegner nicht jubeln, daß ich wanke.
6 Ich aber, ich vertraue deiner Huld,
mein Herz wird jauchzen ob deiner Befreiung!
Singen will ich dem Herrn, daß er mir Gutes getan.

1

Ein Mann fragt, fleht, bittet, bekennt. Das Ich der Psalmen ist stets ein männliches. Frauen waren keine Rechts- und nur in beschränktem Sinne Kultsubjekte. Ist die hebräische Bibel somit ein Dokument patriarchalen Bewußtseins? Zweifellos. Und wird in der Gewalttätigkeit, die mancher Psalm beklagt, vielleicht die soziale Schattenseite solch uneingeschränkter Männerherrschaft sichtbar? Jedenfalls klagen die Klagepsalmen oft über ein rücksichtsloses Vergewaltigungsverhalten (5) sozial Schwächeren gegenüber. Dessen Opfer waren durchaus auch Männer. Daß Frauen es noch in größerem Maße waren, muß vermutet werden. In den Psalmen wird keine Frauenstimme laut. Die poetische Artikulation von Klage und Anklage blieb ebenfalls Männern vorbehalten. Nicht umsonst wird sie immer wieder David (1) zugeschrieben, dem Sänger und Kämpfer, der auf seine Weise »unten durch« mußte, ehe er ganz obenauf kam als König eines Großreichs. Dieser idealtypische Leidens- und Erfolgsweg, für Männer erträumbar oder wenigstens ermutigend, kam für Frauen nicht in Betracht; für sie konnte David keine Identifikationsfigur sein. So sprengen die Klagen bedrängter, verfolgter Männer die patriarchalen Vorstellungen keineswegs. Ebensowenig freilich resignieren sie vor der sich breitmachenden Vergewaltigungsmentalität, im Gegenteil, sie vertrauen darauf, daß Gott ihr ein Ende machen und die Geplagten befreien wird (6).

2

War der Klagende tatsächlich, wie manche Ausleger meinen, schwer krank und dem Tod nahe (4)? Möglich ist eine solche Vermutung, zwingend nicht. In erster Linie geht hier von einem Feind und von Gegnern (3/5) die Rede, nicht von Krankheit. Daß allerdings Gegner da sind, die aufjubeln, wenn man wankt (5), verfinstert die Seele mit soviel Sorgen und Kummer (3), daß darob früher oder später auch der Körper krank werden könnte: »Die große Tür, durch die alle Krankheiten hereinspazieren, ist die Niedergeschlagenheit. Auf dem Boden der Hoffnungslosigkeit sprießen alle Übel.« (Paracelsus)

Sollte hier einer an den Rand der Gemeinschaft gedrängt oder vollends aus ihr verstoßen werden? Ein solcher Gemeinschaftsverlust konnte vom Betroffenen selbst, erst recht von seinen Feinden, als Abwendung Gottes (2), damit als Tod schon zu Lebzeiten gedeutet werden. Blieb auch noch das ersehnte Heilswort Jahwes, der erbetene Rechtsspruch im Tempel, vorerst aus, wuchs die Angst, von Gott vergessen zu sein (2), ins Unerträgliche. Noch aber steht das entscheidende Wort aus, ist der Psalm ein Gebet in Erwartung dieses Wortes. Wie wird es ausfallen? Der Beter bekennt seinen Glauben, daß Gott ihn nicht im Stich lassen, ihn vielmehr rehabilitieren und befreien, ihm Gutes tun (6), d. h. neues Leben, neue Gemeinschaft schenken wird. Denn Jahwe, der die Lügner und Übeltäter haßt (Psalm 6,5), ist ein Helfer der Elenden (Psalm 10,14), kein Komplize von Rücksichtslosigkeit und Gewalt.

Psalm 14

1 Dem Chorleiter. Von David.
Der Tor spricht in seinem Herzen:
»Da gibt's keinen Gott!«
Abscheulich, verderbt handeln sie,
keiner ist mehr, der Gutes tut.
2 Der Herr schaut vom Himmel nieder
auf die Menschenkinder,
zu sehen, ob da ein Verständiger ist,
einer, der nach Gott fragt.
3 Alle sind sie abtrünnig,
insgesamt verkommen.
Da ist keiner, der Gutes tut,
auch nicht einer.
4 Haben denn keine Einsicht all die Übeltäter,
die mein Volk verschlingen wie man Brot ißt
und den Herrn nicht anrufen?
5 Da trifft sie gewaltiger Schrecken,
denn Gott ist bei den Bewährten.
6 Am Plan gegen den Armen werdet ihr scheitern,
denn der Herr ist seine Zuflucht.
7 Ach, daß vom Zion die Befreiung Israels käme!
Wenn der Herr das Geschick seines Volkes wendet,
wird Jakob frohlocken, wird Israel sich freuen.

»Da gibt's keinen Gott!« (1) Wo denn nicht? Wo kommt er nicht vor? Im Kalkül, in den Plänen derer, die »mein Volk verschlingen wie man Brot ißt« (4), die »Haus an Haus reihen und Acker an Acker fügen, bis kein Platz mehr ist« und sie Alleinbesitzer geworden sind »mitten im Land« (Jesaja 5,8). Nichts Neues also unter der Sonne (Prediger 1,8)! Unausrottbar, so scheint es, die Gier nach ständiger Mehrung von Besitz und Macht. Daraus resultierend dann und unvermeidlich die Entwicklung zu Besitz- und Machtmonopolen, die alles »verschlingen«. Uralt ebenfalls die Erfahrung, daß diese immer wieder in Gang kommende Entwicklung ohnehin schon Arme noch ärmer macht. Illusionslos deshalb die Feststellung: »Nie wird es an Armen fehlen im Land.« (5. Mose 15,11) Andererseits jedoch: »Es soll bei dir keine Armen geben, denn reichlich wird der Herr dich segnen in dem Lande, das dir der Herr, dein Gott, zum Erbteil geben will, wenn du nur auf die Stimme des Herrn, deines Gottes, hörst und die ganze Satzung, die ich dir heute gebe, treu erfüllst.« (5. Mose 15,4–5) Jahwe will nicht, daß es dauernde Armut gibt in seinem Volk, das widerspricht seiner Segensabsicht, die nicht auf jenseitiges Heil, sondern auf diesseitiges Wohlergehen gerichtet ist. Deshalb wies er die Gläubiger an, ihren Schuldpflichtigen alle sieben Jahre die Schulden zu erlassen. Fraglich bleibt, ob dieses Erlaßjahr je eingehalten worden ist. Gerade Hof und Tempelpriesterschaft, Besitzende auch sie, dürften daran kaum interessiert gewesen sein. Trotzdem hat sich die Überzeugung erhalten, daß Armut nicht nach Gottes Willen ist, sondern von Menschen bewirkt wird, zumeist von solchen, die sich weder um Gott noch um die kleinen Leute kümmern (1–4). Wer dächte, diesen Psalm lesend, nicht an die Armut und Verschuldung der Zweidrittelswelt, die in demselben Maße anwächst, wie in der Eindrittelswelt die Konzentration von Kapital und Macht fortschreitet? Von ihr wird nicht mehr nur *ein* Volk, es werden *viele* Völker »verschlungen« (4), die Zahl der Elenden und Verarmten steigt rapid. Doch auch an diesem »Plan gegen den Armen« (6) werden die, die ihn ausheckten, eines für sie erschreckenden Tages (5) scheitern müssen, weil

Gott die Schutzmacht der kleinen Leute und der Armen ist (5–6). »Wenn er richtet, wird auch den Einflußlosen ihr Recht; zugunsten der Armen im Lande entscheidet er so, daß Ausgleich entsteht.« (Jesaja 11,4)

Ursprünglich und lange Zeit war Israels Vorstellungsweise überhaupt nicht dualistisch. Um so stoßender blieb der *soziale* Dualismus Reich–Arm. Ihn prangerten Propheten wie Amos, Micha, Jesaja, Jeremia stets wieder als gott-losen, gerichtsreifen Skandal an. In ähnlichem Geist artikuliert dieser Psalm seine Klage, Anklage, ebenfalls aber die Zuversicht auf eine von Gott bewirkte Wende zur Befreiung der Bedrängten, der Armen (7). Wird diese Wende vom Zion, vom Tempelberg ausgehen? Von woher sonst? Ist der Tempel nicht der Ort der Einwohnung Jahwes, seiner Gegenwart und Zuwendung? Oder deutet die Formulierung »Ach, daß vom Zion die Befreiung Israels käme!« bereits leise Zweifel an? Die menschlich-gesellschaftliche Tempelrealität dürfte dem Anspruch, Jahwes Residenz zu sein, nicht immer entsprochen haben, so wenig wie Kirchen und Gemeinden sich rühmen können, jederzeit und für alle ein Ort der Gottesbegegnung, der Gotteserfahrung zu sein.

Psalm 15

1 Ein Psalm Davids.
Herr, wer darf weilen in deinem Zelt,
wer darf wohnen auf deinem heiligen Berg?
2 Wer unsträflich wandelt und Gerechtigkeit übt
und wahrhaftig redet in seinem Herzen.
3 Wer mit der Zunge nicht Verleumdung verbreitet,
seinem Nächsten nichts Böses antut
und keine Schmähung ausspricht gegen den Nachbarn.
4 Wer den Verworfenen verachtet,
den aber ehrt, der den Herrn fürchtet.
Wer Wort hält, auch wenn er sich zum Schaden geschworen.
5 Wer sein Geld nicht auf Zins gibt
und keine Bestechung annimmt gegen Unschuldige.
Wer so handelt, wird ewig nicht wanken.

1

Psalm 15 könnte ein in (und seit) dem vorexilischen Festkult übliches Zeremoniell widerspiegeln (Hans-Joachim Kraus). Hierbei, so vielleicht darf man sich's vorstellen, fragte eine Einlaß in den Tempel begehrende Gruppe oder die Festgemeinde insgesamt nach den Bedingungen für die Teilnahme am Gottesdienst (1), worauf ihr diese von den Leviten kundgetan werden (2–5). Wer die Anforderungen erfüllte und den heiligen Bereich betreten durfte, galt als »Zaddik«, als »Gerechter« oder, wie Martin Buber weniger mißverständlich übersetzte, als »Bewährter«. Bedeutsam ist, daß der Zugang zum Heiligtum an ethische, vorab sozialethische Bedingungen geknüpft wurde. »Somit stellte also die Einzugsliturgie jeden einzelnen Kultteilnehmer immer neu vor die Frage, ob er auch in der zwischen Fest und Fest verflossenen Zeit den Ordnungen Gottes entsprechend gelebt und gehandelt hat«. (Hans-Joachim Kraus) Die Teilnahme am Kult wird so abhängig gemacht von der Bewährung im Alltag, denn Jahwes Bundeswille zielt auf die Ganzheit des Lebens. Ethos und Kultus, Alltag und Festtag, Handeln und Glauben sollten als untrennbare Einheit verstanden werden. »Zaddik«, Bewährter, d. h. kultfähig war, wer in seinem Alltag mit Gott, in Befolgung seiner Weisung lebte.

2

Merkenswert, daß Kultteilnahme und Heilsempfang als unvereinbar mit der Zinsnahme deklariert werden (5)! Geldbedürftigen Mitmenschen durfte nicht gegen Zins geliehen werden (2. Mose 22,25; Ezechiel 18,8/13), »damit dein Volksgenosse neben dir leben kann« (3. Mose 25,36). Die Konzession, wonach von Ausländern – doch nicht von Fremdlingen, die im Lande wohnten und als Einheimische gelten sollten (3. Mose 19,34)! – Zins genommen werden durfte, läßt vermuten, daß das Zinsverbot auch andere Lockerungen erfahren hat, zumal im Geschäftsleben. Sonst aber sollte ein Schuldner seine Schuld nicht verzinsen, nur amortisieren müssen. Gelang ihm das innert sechs Jahren nicht, so mußte ihm die Restschuld erlassen werden (5. Mose 15,1 ff.). Hierbei handelte es sich kaum um geschäftliche Darlehen, vielmehr um Akte der Solidarität oder der Wohltätigkeit. Gegenüber der Naturalwirtschaft spielte die Geldwirtschaft damals eine relativ geringe Rolle. Hat das Zinsverbot in der kapitalistischen Kreditund Zinswirtschaft demnach keinen Sinn, keine Berechtigung mehr? Allzu rasch wird man – z. B. angesichts von Wucherzinsen, vor allem in Ländern der Zweidrittelswelt – das Zinsverbot dennoch nicht beiseite schieben dürfen. Daß Menschen durch schamlose Zinsbedingungen ausgepowert werden, bleibt für Gott nach wie vor unakzeptabel. Und außerdem: Könnten weltweite »Verschuldungskrisen« nicht auch ein Signal dafür sein, daß die globale Kredit- und Zinswirtschaft, der sich heute niemand entziehen kann, eines Tages ein Ende haben wird?

3

Während Jahrhunderten war der Begriff »Sünde« im Christentum weitgehend mit sexuellen Vorstellungen besetzt. Nicht so in Israel, im Judentum. »Das Fehlen von Beunruhigung gegenüber der Welt des Fleisches ist, glaube ich, eine typisch jüdische Tatsache. Kein jüdischer Schriftsteller hätte die Romane von François Mauriac verfassen können.« (Jean-Richard Bloch, 1928) Soziale Sünden sind für die hebräische Bibel weitaus gewichtiger als sexuelle. Der Jude Jesus hat die letzteren überhaupt nicht erwähnt. In der Einlaßliturgie zum Tempelkult scheinen sie nach Psalm 15 ebenfalls keine Rolle gespielt zu haben. Unsträflich wandelt (2), wer sich nicht insgeheim oder offenkundig gegen seine Nächsten vergeht. Mit Recht wies Hermann Cohen darauf hin, daß Jahwes Proklamation »Ihr sollt heilig sein, denn ich bin heilig, der Herr, euer Gott« (3. Mose 19,2) hinführt zum Gebot: »Du sollst deinen

Nächsten lieben wie dich selbst, ich bin der Herr« (3. Mose 19,18). Cohen: »Darin gipfelt die Entfaltung des Begriffs der Heiligkeit, mit dem der Abschnitt begonnen.« In der Liebe zum Nächsten, die sich in Taten und konkretem Verhalten beweist, wird jene Heiligung manifest, die den Zugang zum Heiligtum öffnete, der aber auch nach der Zerstörung des Tempels die Verheißung gilt: »Wer so handelt, wird ewig nicht wanken« (5), denn nicht der Tempelberg, Gott selbst ist sein Fels (Psalm 42,10).

Psalm 16

1 Was unauslöschbar ist. Von David.
Behüte mich, Gott, denn ich berge mich an dir!
2 Ich sprach zum Herrn: Mein Herr bist du,
mein Glück steht allein bei dir.
3 An den Heiligen auf Erden hat er Gefallen,
er verherrlicht an ihnen seinen ganzen Heilswillen.
4 Groß sind die Schmerzen derer,
die anderen (Göttern) folgen.
Ich spende ihnen keine Trankopfer mit Blut,
nehme nicht auf die Lippen ihre Namen.
5 Der Herr ist mein Besitzanteil und Becher,
du bist's, der mein Los bestimmt hat.
6 Mir ist die Meßschnur gefallen auf lieblichen Grund,
ja, mein Erbteil gefällt mir gut.
7 Ich preise den Herrn, der mich beraten,
in den Nächten mahnt mich mein Inneres.
8 Allezeit stelle ich mir den Herrn vor Augen,
bleibt er mir zur Rechten, so wanke ich nicht.
9 Darum freut sich mein Herz
und frohlockt meine Seele,
auch mein Leib wird sicher wohnen.
10 Denn du gibst mein Leben nicht der Unterwelt preis,
lässest nicht zu, daß dein Frommer die Grube schaut.
11 Du weisest mich auf den Weg des Lebens.
Fülle der Freude ist vor deinem Antlitz
und Wonne zu deiner Rechten ewig!

I

Vielleicht geht der Psalm auf das Beten eines erkrankten Leviten zurück, der sich im Tempeldienst bewährt und nie anderen Göttern gedient oder geopfert hat (2–4).

Anfänglich rekrutierten sich die Priester aus dem Stamm Levi. Bereits Moses und Aaron sind diesem zugerechnet worden (2. Mose 2,1). Seinerzeit, bei der Landnahme, empfing der Stamm Levi an Stelle von Landanteilen »Anteil an Jahwe«: »Und der Herr sprach zu Aaron: Du sollst in ihrem Land kein Erbgut besitzen und keinen (Land-)Anteil unter ihnen haben. Ich bin dein Anteil und Erbgut unter den Israeliten. Aber siehe, den Leviten gebe ich alle Zehnten in Israel für den Dienst, den sie tun, für den Dienst am heiligen Zelt«. (4. Mose 18,20–21) Nachdrücklich, mit subjektivem Engagement, bejaht der Psalmautor diese alte Regelung (5–6). Er leidet keineswegs an seinem Amt, eher an der Furcht, dieses nicht wieder ausüben zu können.

Nach der Tempelreform und Kultzentralisierung durch König Josia (621 vor Christus) scheinen die Leviten hierarchisch allerdings zurückgestuft und einer neuen Priesterschaft unterstellt worden zu sein. Der levitische Dienst, vom 30. bis zum 50. (4. Mose 4,3) oder vom 25. bis zum 50. Lebensjahr dauernd (4. Mose 8,24–25), erstreckte sich auf die praktischen Verrichtungen im Tempel und bei den Opferdarbringungen. Doch in ihre Kompetenz fiel auch, jedenfalls in der Epoche des zweiten Tempels, der liturgische Gesang und dessen instrumentale Begleitung (Nehemia 12,27; 1. Chronik 15,16 ff.; 16,4 ff.) Gesang, Musik, wohl auch Dichtung gehörten zu ihrer Domäne. Kein Wunder deshalb, daß im Tempel-Gesangbuch der Psalmen Texte Eingang fanden, die ausgehen von der Lebenssituation der Leviten.

2

Der Preisung Jahwes, »der mich beraten« (7), geht parallel die nächtliche Mahnung durch »mein Inneres«, wörtlich übersetzt »meine Nieren«. In der hebräischen Bibel, die für »Hirn« noch kein Wort hat, werden die bewußten Gedanken und Willensentschlüsse dem Herzen zugeschrieben, indessen die Eingeweide (hier: die Nieren) als Sitz der Empfindungen, Gefühle gelten, der Emotionalität also, für die in den europäischen Sprachen traditionellerweise das Wort »Herz« zu stehen pflegt. Neuerdings freilich näherte sich die deutsche Sprachmetaphorik der hebräischen Vorstellung wiederum an, indem sie für alles Gefühlshafte, Spontane das Wort »Bauch« setzt.

Unter der nächtlichen Mahnung der »Nieren«, des Inneren (7), darf man sich wohl ungefähr das vorstellen, was man heute als Bilder, Stimmen, Hinweise des im Wachliegen oder im Dahindämmern tätigen Un- oder Vorbewußtseins deuten würde. Weist dies darauf hin, daß der umfassende Heilungsprozeß bereits, und für den Psalmisten auch spürbar, im Gange ist? Jedenfalls durchströmt den Kranken die freudige Gewißheit baldiger Genesung (9). Da er mit keinem Weiterleben nach dem Tode rechnet, liegt ihm um so mehr daran, nicht von einem frühzeitigen Tod im Alter zwischen 25 und 50 Jahren in das »Nicht-Land«, in die Kult- und Tempellosigkeit der »Unterwelt« versetzt zu werden (10). Darum birgt er sich an Jahwe (1), der allein sein diesseitiges »Glück« ist (2) und der ihn erneut »auf den Weg des Lebens« (11) bringt, was die Freude einschließt, wieder vor seinem »Antlitz« dasein und im Tempel dienen zu dürfen.

Gebet, Gesang, Preisung Gottes – kein Wort aber von ärztlicher Hilfe. »Ärzte für innere Krankheiten gab es im alten Israel nicht... Von Heilkunst wenig Spuren« (Kurzes Bibelwörterbuch, hg. von H. Guthe, 1903). Zwar hatten die Priester sich einige diagnostische Kenntnisse anzueignen (3. Mose 13–15), um Krankheiten, vor allem den Aussatz (Lepra), begutachten zu können. Von »sakraler Medizin«

kann jedoch kaum gesprochen werden. Der Kranke blieb, klagend, bittend, auch opfernd oder ein Heilswort im Tempel erflehend, angewiesen auf den, der verheißen hatte: »Ich, der Herr, bin dein Arzt« (2. Mose 15,26).

3

Gott hat es mit dem ganzen Menschen zu tun, auch mit dem Körper. Der Mensch hat's in seiner Ganzheit, also auch durch den Körper, mit Gott zu tun. Dieser ganzheitlichen Vorstellungsweise entspricht, daß in der hebräischen Bibel Leben und Tod nicht als grundlegende Gegensätze, sondern als einander zugehörig angesehen werden, als geschwisterlich sogar. Deshalb konnte der jüdische Denker Franz Rosenzweig sein »Büchlein vom gesunden und kranken Menschenverstand«, geschrieben 1921, mit der Überlegung beschließen, »daß Lebenkönnen Sterbenmüssen heißt. Wer sich dem Leben entzöge, könnte meinen, sich dem Tod zu entziehen. Aber er entzieht sich in Wahrheit nur dem Leben, und der Tod, dem er entweichen wollte, umgibt ihn nun von allen Seiten und ist ihm ins Herz gekrochen, das zu Stein ward. Wird er dem Leben wiedergegeben, so muß er die Herrschaft des Todes anerkennen. Er darf nicht mehr anders leben wollen als zum Tode hin. Das Leben ist dann freilich einfach. Aber nur, weil es dem Tod nicht mehr entweichen will... Gegen den Tod ist kein Kraut gewachsen. Auch Gesundheit nicht. Aber der Gesunde hat die Kraft, jenen Weg bis zum Grab hin lebendig zu schreiten... Gesundheit erlebt selbst den Tod nur ›zur rechten Zeit‹. Und ist gut Freund mit ihm und weiß, daß, wenn er kommt, er die starre Maske abnimmt und dem verängstigten, ermatteten, enttäuschten Bruder Leben die Fackel aus den müden Händen nimmt und... seinen ewig verschwiegenen Mund auftut und spricht: Erkennst du micht? Ich bin dein Bruder.«

4

Nachhall, physiognomisch: In Paul Celans nachgelassenem Gedichtband »Schneepart« (1971) findet sich ein Gedicht, das die Physiognomie von Rembrandt (»auf du und du mit dem Lichtschliff«) evoziert und mit den Zeilen schließt:

»... schimmert dir um den
rechten Mundwinkel der
sechzehnte Psalm.«

Psalm 17

1 Ein Gebet Davids.
Höre, Herr, Wahrhaftiges! Merke auf mein Flehen,
vernimm mein Gebet von Lippen ohne Trug!
2 Von dir geht mein Recht aus,
deine Augen sehen, was recht ist.
3 Du prüfst mein Herz, erforschest es nachts,
erprobst mich und findest keine Schandtat an mir.
4 Mein Mund wallt nicht über ob der Händel der Men-
schen,
ich habe auf das Wort deiner Lippen geachtet,
5 hielt meine Schritte fern von den Pfaden des Räubers,
in deinen Gleisen wanken nie meine Tritte.
6 Ich rufe dich an, denn du erhörst mich, Gott,
neige dein Ohr mir, vernimm meine Rede!
7 Erweise wunderbar deine Huld, du Retter derer,
die sich bergen vor den Empörern wider deine rechte
Hand!
8 Behüte mich wie einen Augapfel,
birg mich im Schatten deiner Flügel
9 vor den Frevlern, die mir Gewalt antun,
meinen Feinden, die mich gierig umringen!
10 Mit Fett haben sie ihr Herz verschlossen,
Vermessenes redet ihr Mund.
11 Sie lauern mir auf, umstellen mich jetzt,
trachten danach, (mich) zu Boden zu werfen.
12 Es scheint ein Löwe zu sein, voll Gier, zu zerreißen,
ein Jungleu, der im Versteck liegt.
13 Steh auf, Herr, tritt ihm entgegen, wirf ihn nieder,
errette mich vor dem Frevler mit deinem Schwert!
14 Ein grausamer Tod von deiner Hand, Herr,
ein grausamer Tod (beende) ihren Anteil am Leben!
Ihren Bauch füllst du mit deinen Gaben,
daß ihre Söhne (noch) satt werden

und sie einen Rest ihren Kindern hinterlassen!
15 Ich aber will in Gerechtigkeit schauen dein Antlitz,
will beim Erwachen mich sattsehen an deiner Gestalt.

1

Wer nie zu Unrecht einer Straftat beschuldigt worden ist, vermag sich schwer vorzustellen, in wieviel Bedrängnis man hierdurch gerät. In Rechtsstaaten steht dem Bedrängten zwar der Rechtsweg offen, doch ist er oft – gerade für kleine Leute – lang und belastend, meistens auch teuer. Erst recht notvoll, gar lebensgefährlich wird es, wenn Geschädigte mit dem vermeintlichen Täter direkt abrechnen, sich an ihm rächen wollen (11–12). Israeliten, so in die Enge getrieben, suchten Zuflucht und Schutz im Tempel. Als Symbol dieses Gottesschutzes galten die über der Lade ausgebreiteten Flügel der Keruben (Psalm 36,8; 63,8), deren man zwar nicht ansichtig werden konnte, in deren Nähe und »Schatten« man sich aber geborgen fühlen durfte wie in Jahwes eigenem Schatten (8). Dort, in der räumlich und sinnlich erlebbaren Nähe Gottes, erwartete der zu Unrecht (1/3) Verfolgte aus Priestermund einen Rechts- und Schiedsspruch Jahwes (2), der alle Beschuldigungen autoritativ abweist, so daß die Strafe zurückfällt auf die Verfolger (14), die ihm nicht glauben (10), ihn vielmehr »fertigmachen« wollten (11). Drohend umlauerten, umstellten die Verfolger ihr Opfer wohl auch im Tempelbereich in Erwartung des göttlichen Rechtsentscheides.

2

Vor Gewalttätigkeit konnte sich der Verfolgte im Tempelbereich sicher fühlen. Denkbar deshalb, daß er ihn auch nachts nicht verließ, sondern sich im Vorhof zum Schlaf niederlegte. Der Tempel als »Notschlafstelle«? Vielleicht mehr noch: »Du prüfst mein Herz, erforschest es nachts« (3). Der Schlaf in Jahwes unmittelbarer Nähe könnte als eine Art Prüfzeit verstanden worden sein, die verborgenste Gedanken aufdeckt, unzensuriert vom Wachbewußtsein – intimste Seelenbefragung also! Der Verfolgte ist überzeugt, daß sie positiv ausfallen wird, und freut sich bereits, beim Erwachen Jahwes »Antlitz« zu schauen, Gottes Zuwendung und Freispruch zu erleben, vielleicht sogar in Form einer lichtvollen Gotteserscheinung (15), ähnlich der in Jesaja 6,1 ff. beschriebenen.

Warum also nicht annehmen, daß es sich in Psalm 17 um ein Abend- oder Nachtgebet handelt für Menschen, die, bei Jahwe Schutz und Recht suchend, in Erwartung des entscheidenden Gottesspruchs im Tempel auch nächtigten?

3

Wo aber können Verfolgte, in Bedrängnis Geratene heutzutage eine ähnliche Zuflucht, einen ähnlichen Rechtsschutz finden? Zu denken wäre z. B. an Fahrende (Jenische, Roma und Sinti), denen noch immer und oft zu Unrecht Diebstähle, Raubüberfälle angelastet werden. Oder an Fremdarbeiter, an orientalische Asylanten, die Opfer falscher Anschuldigungen und Gewaltakte werden, denen häufig ohne viel Federlesens Abschiebung, Landesverweisung droht. Sie alle sind rechtlich unterprivilegiert. Zuflüchte gibt's höchstens provisorische, hie und da auch in gottesdienstlichen Räumen, denen aber eine rechtsverbindliche Schutzfunktion fehlt. Vollends fehlen Möglichkeiten und Instanzen, die Bedrängten relativ schnell und definitiv zu ihrem Recht verhelfen. In dieser Beziehung hat der Tempel Jahwes eine soziale und rechtliche Lücke hinterlassen, die unausgefüllt blieb.

Psalm 18

1 Dem Chorleiter. Vom Knecht des Herrn. Von David, der zum Herrn die Worte dieses Gesangs sprach am Tag, da der Herr ihn errettete aus dem Griff all seiner Feinde und aus der Hand Sauls.
2 Und er sprach:
Ich liebe dich, Herr, meine Stärke!
3 Der Herr ist mein Fels, meine Burg, mein Befreier,
mein Gott, mein Hort, an dem ich mich berge,
mein Schild und Horn meines Heils.
4 »Durchbohrt!« rief ich zum Herrn –
da ward ich von meinen Feinden befreit.
5 Schlingen des Todes hatten mich umfangen,
Sturzbäche des Unheils mich erschreckt.
6 Stricke der Unterwelt fesselten mich,
es überraschten mich Fangfallen des Todes.
7 In meiner Angst rief ich zum Herrn
und schrie zu meinem Gott.
Er hörte aus seinem Tempel meine Stimme,
mein Schreien drang an seine Ohren.
8 Da wankte und schwankte die Erde,
die Grundfesten der Erde erbebten,
sie wankten, denn sein Zorn war entflammt.
9 Rauch stieg auf aus seiner Nase,
verzehrendes Feuer drang aus seinem Mund,
Kohlenglut sprühte vor ihm her.
10 Er neigte den Himmel, fuhr nieder,
Wetterdunkel ihm unter den Füßen.
11 Er ritt auf dem Kerub, kam herangeflogen,
schoß herab auf Schwingen des Sturms.
12 Finsternis machte er zu seiner Verhüllung,
Wasserdunkel und dichtes Gewölk zu seinem Zelt.
13 Aus dem Glanz vor ihm her: Hagel und feurige Kohlen!
14 Donner ließ der Herr im Himmel dröhnen,

es ließ der Höchste seine Stimme erschallen.
15 Er schoß seine Pfeile und streute sie weit,
schleuderte Blitze und jagte sie hin.
16 Da wurden sichtbar die Tiefen des Meeres,
offen lagen die Gründe der Erde da –
vor deinem Schelten, Herr,
vor dem Schnauben des Sturms deiner Nase.
17 Er griff aus der Höhe hernieder und faßte mich,
zog mich heraus aus großem Wasser.
18 Er entriß mich meinen Feinden, die stark waren,
meinen Hassern, die stärker waren als ich.
19 Sie überfielen mich am Tag meines Unglücks,
doch der Herr ist mir zur Stütze geworden.
20 Er holte mich heraus ins Weite,
er schnürte mich frei, denn er hatte Lust an mir.
21 Der Herr tat mir nach meiner Gerechtigkeit,
nach der Reinheit meiner Hände wandte er sich mir zu.
22 Ja, ich hielt mich an die Wege des Herrn,
fiel nicht ab von meinem Gott.
23 Ja, vor Augen hatte ich seine Rechte,
wies seine Satzungen nicht von mir.
24 Auch war ich unsträflich vor ihm,
hütete mich vor Frevel.
25 Da wandte sich der Herr mir zu nach meiner Gerechtigkeit,
nach der Reinheit meiner Hände vor seinen Augen.
26 Dem Frommen schenkst du deine Huld,
dem Redlichen zeigst du dich redlich,
27 dem Geläuterten lauter –
aber mit dem Krummen bist du krumm.
28 Ja, du bist's, der dem armen Volk hilft,
überhebliches Auge aber erniedrigst.
29 Ja, du bist meine Leuchte, Herr!
Mein Gott erhellt mir das Dunkel.
30 Mit dir erstürme ich Mauern,
mit meinem Gott überspringe ich Bollwerke.
31 Gott! Sein Werk ist makellos,

das Wort des Herrn ist lauter,
ein Schild ist er allen, die sich bergen an ihm.
32 Denn wer ist Gott als nur der Herr?
Und wer allein? Doch allein unser Gott!
33 Der Gott, der mit Kraft mich gürtete,
der fehllos machte meinen Weg,
34 der meine Füße hindenleicht machte,
mich auf Anhöhen stellte.
35 Er lehrte meine Hände den Kampf
und meine Arme, den ehernen Bogen zu spannen.
36 Du gabst mir den Schild deiner Hilfe,
deine Rechte hat mich gestützt,
dein Zuspruch machte mich stark.
37 Du schufst Raum meinem Schritt, den ich tat,
meine Knöchel wankten nicht.
38 Ich jagte meinen Feinden nach, holte sie ein
und kehrte nicht um, bis ich sie vernichtet hatte.
39 Ich zerschmetterte sie, sie konnten nicht mehr aufstehen,
sie fielen unter meine Füße.
40 Du gürtetest mich mit Kraft für den Kampf,
zwangst meine Gegner unter mich.
41 Du machtest, daß meine Feinde fliehen mußten,
vernichten konnte ich meine Hasser.
42 Sie schrieen, doch da war kein Retter,
zum Herrn, doch er erhörte sie nicht.
43 Ich zerrieb sie wie Staub vor dem Wind,
schüttete sie wie Kot auf die Gasse.
44 Du hast mich gerettet vor zahllosem Heer,
setztest mich zum Haupt von Völkern.
Leute, die ich nicht kannte, wurden mir dienstbar,
45 auf bloßes Gerücht hin wurden sie mir gehorsam.
46 Die Söhne der Fremden verschmachten,
schlotternd kommen sie aus ihren Festungen hervor.
47 Der Herr lebt! Gepriesen mein Fels!
Erhaben der Gott meines Heils,
48 der Gott, der mir Rache gewährte,
Völker unter mich zwang.

49 Er rettete mich vor meinen zornigen Feinden.
Ja, er erhöhte mich über meine Widersacher,
entriß mich dem Mann der Gewalttätigkeit.
50 Darum preise ich dich unter den Völkern, Herr,
lobsinge deinem Namen.
51 Er schaffte seinem König große Befreiung,
erwies Huld seinem Gesalbten,
David und dessen Nachkommenschaft für immer.

Der Jerusalemer Tempel war – historisch, ökonomisch, rechtlich – das Heiligtum des Königs. Dieser kam für Betrieb und baulichen Unterhalt auf. Er entlöhnte Priester und Personal. Logisch deshalb, daß sich im Gesangbuch des Tempels auch Königstexte finden, hier ein Dank- und Siegesgesang, überliefert ebenfalls in 2. Samuel 22 als Abschluß der Berichte über Davids Leben und Kriegstaten.

»Stand im Israel der vorköniglichen Zeit Jahwe als ›Kriegsmann‹ seinem Volk bei, so konzentriert sich sein hilfreiches Wirken jetzt auf einen einzigen Mann: auf den König. Ihm steht Gott zur Seite – so wie er einst dem charismatischen Führer nahe war.« (Hans-Joachim Kraus) Trotz Gideons Wort wider ein institutionelles Königtum (Richter 8,23), trotz Samuels hellsichtiger Warnung, eine Königsherrschaft werde notwendigerweise zur Entmündigung und zu leidvoller Dienstbarkeit des Volkes führen müssen, hatte Israel hartnäkkig auf der Errichtung einer Monarchie bestanden: »Ein König soll über uns herrschen! Wir wollen es ebenso haben wie alle anderen Völker!« (1. Samuel 8,19–20). Somit hatte das Volk selbst die hierarchische, auch in Nachbarvölkern übliche und deshalb für zeitgemäß gehaltene Struktur Gott–König, Altar–Thron gewünscht. Eher widerstrebend gab Jahwe, der, wie oft, mit sich reden und rechten ließ, diesem Begehren nach (1. Samuel 8,22). Das hatte Folgen weit über die Zeit der Könige Israels und Judas hinaus. Die realen Könige kamen und gingen, beriefen sich auf Gott und handelten meist doch überaus menschlich. Je mehr sie anfängliche – und nachträglich stets wieder auf David projizierte – Erwartungen enttäuschten, wohl auch enttäuschen mußten, desto tiefer wurzelte im Glauben des Volkes die Hoffnung auf einen messianischen Ideal-König der Endzeit. Auch die Christen übernahmen diese Hoffnung, selbst wo sie im übrigen republikanisch und demokratisch gesinnt waren. Allenfalls zur Zeit Cromwells scheint man hierin ein Problem gesehen zu haben: »Unter Cromwelln war das Wort Königreich in Engelland so verhaßt, daß man im *Vaterunser* nicht mehr beten wollte, thy kingdom come, sondern thy republick come, zu uns komme deine Republik.« (Georg Christoph Lichtenberg)

Die Ausbildung und breite Rezeption einer endzeitlichen Königserwartung hatte wiederum Rückwirkungen auf die Auslegungsgeschichte der Königspsalmen. Juden wie Christen deuten sie bis heute oft messianisch resp. christologisch. Doch ist Psalm 18 zweifellos ein Dankpsalm, den historische Könige bei bestimmten Anlässen im Tempel rezitierten oder sangen. Möglicherweise gehen einige Psalmpassagen in der Tat auf König David (1) zurück, vor allem etwa die Darstellung der Gotteserscheinung (Theophanie), die auffällt durch archaisch-elementare Wucht (7–16).

2

Ungewöhnlich Vers 28! Obgleich Königseigentum, blieb der Tempel doch immer Ort der besonderen Zuwendung Jahwes zu Bedrängten und Hilflosen. Hier empfingen sie seine Rechtshilfe. An dieses Vorrecht der Armen, damit an Jahwes vorrangige Solidarität mit ihnen, scheint sich der siegreiche Herrscher in seinem Dankgesang zu erinnern. »Daß ihm Rettung widerfahren ist, verdankt er nicht seiner königlichen Sonderstellung, sondern der Solidarität mit den ›Gerechten‹ und ›Armen‹ seines Volkes. Tatsächlich wird hier ein Ton angeschlagen, der den anderen Königspsalmen fremd ist.« (Hans-Joachim Kraus) Blitzt also die Erkenntnis auf, daß Macht und Recht eines Königs nur dann göttlich sanktioniert sein können, wenn sie orientiert bleiben an Gottes Parteilichkeit für die Benachteiligten und Armen? Eine Erkenntnis, die nicht bloß die monarchische, sondern ebenso jede andere Regierungsform betrifft. Wirtschafts- und Rechtsordnungen, die solidarisch mit Besitzenden und Reichen, jedoch unsolidarisch gegenüber Besitzlosen und Armen sind, widersprechen Gottes Gerechtigkeit fundamental. Damit tragen sie den Keim ihres Zerfalls immer schon in sich, wie einst das Reich

König Salomos (1. Könige 12). Dies gilt auch von anderen Formen der Desolidarisierung, z. B. unter nationalistischem oder rassistischem Vorzeichen. Früher oder später führen sie zu offener Entzweiung und Gewalt. Das wissen z. B. Israelis, die sich heute unerschrocken für die Rechte der Palästinenser in ihrem Staate einsetzen.

3

Es ist wahr: Die biblischen Geschichtsbücher sind reich an Zeugnissen grausamer Kriege. Heute, nach den Kriegen des 20. Jahrhunderts, stoßen wir uns an ihnen, ebenso an kriegerischen Bildern und Reminiszenzen in den Psalmen, wo oft genug der unverhohlene Triumph über die Vernichtung von Feinden (Jahwes, Israels) erschreckt (hier: 38–39/41–43).

Israel, daran lassen die biblischen Berichte keinen Zweifel, ist hervorgegangen aus kriegerischen Auseinandersetzungen, hat sich sein Land in vielerlei Kriegsaktionen angeeignet – wie andere Völker ebenfalls! Seine Kriegserfolge schrieb Israel Jahwe zu, dem Kriegshelden (2. Mose 15,3; Psalm 24,8), dem Herrn in seinem Kriegslager (5. Mose 23,14). Er führte den Kampf für Israel (Josua 10,14), war der Gott seiner Schlachtreihen (1. Samuel 17,45). Der Kriegshilfe Jahwes glaubte es Israel danken zu dürfen, daß es sein Lebensrecht neben anderen Völkern und damit seine Identität überhaupt erkämpfen und behaupten konnte, als vergleichsweise eher kleines Volk. Israels Jahwe-Glaube ist somit entscheidend in Kriegen ausgeprägt worden, am meisten in solchen, die es aus einer Position oft krasser Unterlegenheit heraus hatte führen müssen (klassisches Beispiel: der Philisterkrieg mit dem Kampf Davids gegen Goliath, 1. Samuel 17, 23–51; ebenso bereits Gideons Kampf und Sieg gegen die Midianiter, Richter 8).

Jahwe also ein National- und Kriegsgott? Dazu paßt überhaupt nicht, daß er andererseits sein Volk mit Kriegen züchtigt, bestraft (3. Mose 26,14–37; Jeremia 15,1–3; 43,11; Ezechiel 6,11–12; 14,12–23).

Auch hat Jahwes Aktivität Opposition provoziert, beispielsweise von Frauen, die im ägyptischen Exil Jeremia gegenüber rebellisch erklärten: »Was du auch zu uns redest im Namen des Herrn, wir hören nicht auf dich« (Jeremia 44,16). Die Frauen wollten der »Himmelskönigin«, der matriarchalen Göttin, dienen, »wie wir und unsere Väter, unsere Könige und Fürsten in den Städten Judas und auf den Gassen Jerusalems getan haben. Da hatten wir Brot genug und waren glücklich und wußten nichts von Unglück. Seitdem wir aber aufgehört haben, der Himmelskönigin zu opfern und Trankspenden auszugießen, leiden wir Mangel an allem und kommen um durch Schwert und Hunger« (Jeremia 44, 17–18). Mit anderen Worten: Die Große Göttin schenkte Wohlstand und Frieden, Jahwe hingegen brachte Mangel und Krieg! Erstaunlich, daß ein für Jahwe so miserables, für die Göttin so gutes Zeugnis überhaupt – wenn auch unter negativem Vorzeichen – in der Bibel auftaucht. Doch was taucht in diesem Buch der vielen Bücher, Zeiten, Stimmen denn *nicht* auf?

Der Ruf »Zurück zur Göttin!« – vielleicht auch »Zurück zum Matriarchat«? – hatte allerdings keine Zukunft. Diese gehörte – für die nächsten zweieinhalbtausend Jahre, wie wir wissen – dem Patriarchat und seinen Religionen. Israels Kampf um sein Daseinsrecht mußte unter kriegerisch-patriarchalen Bedingungen geführt werden. Dementsprechend sind auch Jahwes Einmischungen und Handlungsweisen erfahren, gedeutet und überliefert worden.

4

Und wie nun ist die Theophanie (Gotteserscheinung) zu verstehen (8–16)? Sie ist wie geladen mit elementarer Urtümlichkeit. Zwar kommt Jahwe auf dem Kerub geritten (11), der zur Bundeslade im Tempel gehört, aber die stürmischen Gewitter, die Erdbeben (8) und Meerbeben (16), die sein Kommen begleiten, erinnnern an die Gotteserscheinung am Sinai (2. Mose 19,16–19). Ähnlich sah z. B. auch Nahum Gott kommen: »In Sturm und Wetter fährt er einher, und Gewölk ist der Staub seiner Füße... Die Berge erbeben vor ihm, und die Hügel zerschmelzen... Sein Grimm ergießt sich wie Feuer, und die Felsen geraten vor ihm in Brand.« (Nahum 1,3-6)

Nein, es trifft nicht zu, daß Jahwe, wie manche ihm nachsagen, einzig ein Gott der Geschichte, nicht aber der Natur sei. Seine Offenbarung kleidete sich in dramatische Wetter- und Naturphänomene, selbst noch, als der Tempel Offenbarungsort geworden war (7). Auffällig aber der ereignishafte Charakter dieser Phänomene! Gott ist nicht jederzeit und in gleicher Weise nahe. Er bricht hervor, bricht herniederfahrend ein in das Kontinuum der Geschichte. Darum umhüllen sein Kommen nicht die kontinuierlichen Naturprozesse von Fruchtbarkeit, Wachstum und Welken, sondern außerordentliche, in ihrer Gewalt furchterregende Naturschauspiele. Rührt dies möglicherweise daher, daß zur Zeit des Auszugs aus Ägypten und dann wieder zur Zeit der Propheten Jesaja, Joel, Micha, Nahum usw. an der Wende vom 8. zum 7. vorchristlichen Jahrhundert gewaltige Erschütterungen ganze Kontinente durchquerten und veränderten, begleitet von Orkanen, elektrischen Entladungen, Bränden, Eruptionen, Klimaumwälzungen? Dies jedenfalls glaubte Immanuel Velikovsky nachweisen zu können. Vorstellbar immerhin wär's, daß dergleichen Erfahrungen und schreckensreiche Erinnerungen das Bild Jahwes mitgeprägt haben, weil Katastrophen stets auch Offenbarungscharakter haben können. Velikovsky führte jene katastrophischen Erdveränderungen auf Verlagerungen der Erdachse zurück, ihrerseits verursacht durch kosmische Ereignisse wie z. B. einen erdnahen Vorbeiflug des Planeten Mars. Wäre da am Ende nicht ebenfalls die Annahme möglich, daß diese Geo-Katastrophen außerirdischen Ursprungs dem erdvertrauenden Matriarchat vollends den Garaus gemacht und dem Patriarchat mit seinen erdunabhängigeren Göttern zum Durchbruch verholfen haben?

Allerdings läßt sich Jahwe phänomenologisch auf keine

definitive Kategorie festlegen. Sein Kommen, seine ereignishafte Nähe kann sich auch ganz anders, ja gegenteilig vollziehen. Dem einsamen Elia begegnete er – ebenfalls am Gottesberg! – nicht im gewaltigen Sturm, »der Berge zerriß und Felsen zerbrach«, auch nicht im Erdbeben und nicht im Feuer, sondern im »Flüstern eines leisen Wehens« oder, wie Martin Buber übersetzte, in einem »verschwebenden Schweigen« (1. Könige 19,11–12). Sein Kommen bleibt nicht vorhersehbar. Er ist der Freie und dennoch Verläßliche, wie in 2. Mose 3,14 angekündigt: »Ich werde da sein, als der ich (je und je) da sein werde.«

Doch wie auch immer: Jahwes Kommen, umhüllt von Naturgeschehnissen, zielt auf Geschichte, auf geschichtlich-konkrete Rettungen, Befreiungen (17–20/44–49).

Psalm 19

1 Dem Chorleiter. Ein Psalm Davids.
2 Die Himmel erzählen die Herrlichkeit Gottes
und das Firmament verkündet das Werk seiner Hände.
3 Erregt sagt's ein Tag dem andern
und eine Nacht teilt es der andern mit.
4 Kein Sprechen ist's, keine Rede,
unhörbar bleibt ihre Stimme.
5 Ihr Schall geht aus in alle Lande,
ihr Raunen bis an das Ende der Welt.
Dort hat er der Sonne ein Zelt gemacht.
6 Sie ist wie ein Bräutigam, der aus seiner Kammer kommt,
der frohlockend wie ein Held die Bahn läuft.
7 Vom Ende des Himmels geht sie aus
und läuft wieder bis zum Ende –
nichts bleibt vor ihrer Glut verborgen.
8 Die Weisung des Herrn ist makellos,
sie stellt die Lebenskraft wieder her.
Das Zeugnis des Herrn ist verläßlich,
es macht die Toren weise.
9 Die Anordnungen des Herrn sind richtig,
sie erfreuen das Herz.
Das Gebot des Herrn ist lauter,
es erleuchtet die Augen.
10 Die Ehrfurcht vor dem Herrn ist rein,
sie besteht ewig.
Die Rechte des Herrn sind Wahrheit,
sie sind allzumal gerecht.
11 Sie sind köstlicher als Gold, viel Feingold,
und süßer als Honig und Seim der Waben.
12 Warnen läßt sich dein Knecht durch sie,
wer sie hält, hat reichen Lohn.

13 Irrungen – wer nimmt sie wahr?
Von unbewußten Fehlern sprich mich frei!
14 Auch vor Frevlern behüte deinen Knecht,
daß sie nicht herrschen über mich!
Denn unsträflich bin ich und rein von schweren Vergehen.
15 Laß dir gefallen die Worte meines Mundes
und das Sinnen meines Herzens vor deinem Antlitz,
Herr, mein Fels, mein Erlöser!

I

Ursprünglich bedeutete das hebräische Wort »kabod« Schwere. Dann, in übertragenem Sinn, das Gewicht, das jemandem dank seines Ansehens und seiner Macht gesellschaftlich zukommt, darum auch die Ehre und der Glanz, der von ihr ausgeht. Die Bibelübersetzer Buber und Rosenzweig gebrauchten je nach Zusammenhang für »kabod« die Übersetzungswörter: Gewicht, Gewichtigkeit, Ehre, Ehrenschein, Erscheinung. Die griechische Übersetzung der hebräischen Bibel verwendete das Wort »doxa«, das ebenfalls Ansehen, Ehre, Glanz bedeutet. So auch das lateinische »gloria«. Das deutsche Wort »Herrlichkeit« geht zurück auf »hehr« = vornehm, erhaben, hat mit »Herr« zunächst nichts zu tun, außer daß »Herr« sich gleichfalls von »hehr« ableitet, weil Herausgehobenheit, Macht und Glanz in der patriarchalen Kultur zumeist Männern zukamen. Andere Wörter für »kabod« wären zum Beispiel: »Aura«, »Ausstrahlung«.

»Herrlichkeit« nennt die biblische Überlieferung den Erscheinungsglanz Gottes. Da Gott, rabbinischer Deutung zufolge, der Ort der Welt ist, ohne daß die Welt sein Ort wäre, ist seine Herrlichkeit sowohl sichtbar wie zugleich unsichtbar, für Menschen sogar lebensgefährlich (2. Mose 33,20; Jesaja 6,5). Tiefes Dunkel umhüllte deshalb die Herrlichkeit im Allerheiligsten des Tempels, wo sie sich über der Lade kundgab, Israel das »Antlitz« zuwendend. Es konnte geschehen, daß der Abglanz (»die Säume«) der Herrlichkeit den Tempel mit solcher Wucht und Strahlkraft füllte, daß ein Jesaja darob bis ins Mark erschrak, erzitterte (Jesaja 6,1–5).

Von dieser Herrlichkeit Gottes also erzählen die Himmel (2). Ihr Raum ist die Schöpfung insgesamt, nicht etwa nur der Tempel in Jerusalem, wo sie von Fall zu Fall erschien. Sie ist das Licht der Welt, aber nicht von dieser Welt. Insofern ist der geschaffene Kosmos für die Bibel nicht alles, kein »All«!

Wie aber kann Gottes Herrlichkeit »erzählt« werden? Sie ist kein gleichbleibendes Sein, das höchstens meditiert, doch nicht erzählt werden könnte. Die Herrlichkeit hat Offenbarungscharakter (darum »*Erscheinungs*glanz«), sie ereignet sich, nicht anders als Gott selbst im Akt seiner Selbstkundgabe. Bis in ihren Abglanz und Widerglanz hinein begegnet Gottes Herrlichkeit als Geschehen, Prozeß, Ereignis, sei's in der Geschichte, sei's in der Schöpfung. Darum gibt's von ihr sogar mehr zu erzählen, als Menschen vermögen. Die Schöpfung selbst erzählt – staunend, rühmend – die Herrlichkeit Gottes, freilich in ihrer eigenen »Sprache«, mit einer für menschliche Ohren nicht vernehmbaren Stimme (4). Damit wird der Mensch in seine Schranken gewiesen: die Welt ist nicht um seinetwillen da, sie führt ein Eigenleben, redet ihre eigene Sprache, gibt von Tag zu Tag, von Nacht zu Nacht ein Eigenwissen weiter (3), das sich menschlichem Verstehen entzieht. Der Übersetzung »erregt sagt's« (ein Tag dem andern...) liegt ein hebräisches Wort zugrunde, das »sprudeln« bedeutet und eine ekstatisch hervorsprudelnde Mitteilungsweise anzeigt, vergleichbar der Glossolalie, der Zungenrede. Der Mensch begreift davon nichts, er stellt in der Folge von Tagen und Nächten sowie in allem, was er sieht, nur unablässige Bewegung, Erregung fest. Der Psalm aber deutet's als Erzählen der Herrlichkeit Gottes. Er ahnt, daß die Schöpfung eigene Kommunikationsmöglichkeiten hat, am Menschen vorbei. Ohne menschliches Zutun, aber auch ohne daß Gott beständig anordnet oder eingreift, verständigen sich die Elemente der Schöpfung miteinander. Wahrnehmbar wird das an ihren aufeinander abgestimmten Bewegungen, am auffälligsten am täglichen Gang der Sonne vom östlichen zum westlichen Ende des Himmels (5–7).

Die Freude am verläßlichen Lauf des Tagesgestirns zeigt sich in Bezeichnungen wie »Bräutigam«, »Held«. Sie sind den Sonnengott-Mythologien von Sumer und Babel entliehen worden. Hier im Psalm ist die Sonne aber nicht höchste Macht, sondern »Werk seiner Hände« (2). Gott, ihr Schöpfer, hat ihr »ein Zelt gemacht« (5), wo sie, nach damaliger Anschauung, sich ausruhen kann, bevor sie von neuem in hochzeitlicher Freude aufbricht. Die Sonne ist Geschöpf Gottes,

Mitgeschöpf also der andern Geschöpfe, weder deren Mutter noch Vater, sondern, wie Franziskus von Assisi formulierte, »frate sole«, Bruder Sonne.

2

Der Kosmos erzählt Gottes Herrlichkeit in einer Sprache, die der Mensch nicht versteht, »als ob die Dinge ihm den Rücken zukehrten und ihr Gesicht Gott zuwenden« (Abraham J. Heschel). Anders die Thora, die göttliche Weisung! Sie ist Gottes Zuwendung zum Menschen, tut sich in verständlicher Sprache und auch Schrift kund, vermag deshalb selbst Toren weise zu machen (8). Als Kundgabe von Gottes Willen und Recht verhilft sie zum richtigen Tun, das seinen Lohn (12) in sich selber trägt, bringt die Weisung Jahwes doch freudige Lebenskraft zurück (8). »Freude heißt eine Ausbreitung der Lebens-Kraft in alle Glieder« (Friedrich Christoph Oetinger), aber auch, versteht sich, in die Gedanken (das Herz, 9). Ferner macht die Thora achtsam gegen eigene Verfehlungen, ohne gesetzliche Unerbittlichkeit allerdings. Vielmehr befreit sie aus der Gefahr selbstquälerischer Gewissenspingeligkeit zur wohlgemuten Bitte: »Irrungen – wer nimmt sie wahr?/Von unbewußten Fehlern sprich mich frei!« (13)

Das »Sinnen meines Herzens (= meiner Gedanken!) vor seinem Antlitz« (15) meint kein träumerisches Sinnen ins Blaue hinaus, eher ist nach Psalm 1,2 anzunehmen, daß an die Lektüre der Thora gedacht ist, in der Gott dem Bewährten (dem Zaddik) sein Antlitz zuwendet, so daß sie zum »portativen Tempel« wird (siehe zu Psalm 5!). »Das Lesen der Thora ist ein wesentliches Sakrament Israels« (Frederick P. Bargebuhr), zumindest aber »eine Form des Gottesdienstes« (Abraham J. Heschel) und eine immer neu ergehende Einladung zum Lernen, ein fortgesetzter Ruf zur Interpretation. Der Philosoph und Jude Emmanuel Lévinas bekennt im Rückblick auf seine Bibellektüre von Kindheit an, die geheimnisvollen Möglichkeiten der Exegese hätten für ihn ursprünglich

»Transzendenz« bedeutet: »Und nichts Geringeres als das. Es ist gar nicht unbedeutend, die Hermeneutik mit all ihren Kühnheiten als religiöses Leben und als Liturgie zu erkennen und zu empfinden.« Das ist, erst recht seit der Zerstörung des Tempels und der Zerstreuung, beste jüdische Tradition. Abraham J. Heschel schrieb: »Der Vollsinn des Bibelwortes wurde nicht ein für allemal erschlossen. Stündlich wird ein neuer Aspekt entschleiert. Das Wort wurde einmal gegeben; die Bemühung, es zu verstehen, muß für alle Zeiten weitergehen.« Und sie ist weitergegangen, auch in Zeiten der Bedrängnis, der Verfolgung:

»Drang nur ein Spalt Luft, Licht in stickigen Kerker:
ER fand uns überm Buch, an Gottes Werken Werker.«

(Karl Wolfskehl)

3

Wahrscheinlich setzt sich Psalm 19 aus zwei ursprünglich selbständigen Psalmen zusammen. In welcher Absicht sind sie – d. h. 1–7 und 8–15 – einst zusammengefügt worden? Wir wissen es nicht. Sinnvoll dürfte es jedoch sein, den einen Psalmteil als Auslegung des andern zu gebrauchen. Gottes Herrlichkeit, von der Schöpfung in eigener »Sprache« gefeiert, erschiene dann in der Zuwendung zum Menschen – als Thora! Und umgekehrt: Wer die Thora liest, studiert, als »Weg« praktiziert, nimmt dadurch teil an der geheimnisvollen Liturgie der Schöpfung! Die durch die Thora erleuchtete (9) und inspirierte »Ehrfurcht vor dem Herrn... besteht ewig« (10), weil sie teilnimmt an der Ehrfurcht, die die ganze Schöpfung Gott entgegenbringt (1–7).

So also: EIN Wort ist's, das Wort des EINEN, das sowohl in der Schöpfung wie in der Weisung ergeht und Widerhall, Antwort sucht in anbetender Lobpreisung, in ehrfürchtigem Tun, das z. B. schonend und rücksichtsvoll umgeht auch mit der nicht-menschlichen Kreatur.

Psalm 20

1 Dem Chorleiter. Ein Psalm Davids.
2 Es erhöre dich der Herr am Tage der Not,
es schütze dich der Name des Gottes Jakobs!
3 Er sende dir Hilfe vom Heiligtum her,
vom Zion aus stehe er dir bei!
4 Er nehme an all deine Gabeopfer
und frage nach deinem Brandopfer! Sela.
5 Er gebe dir, was dein Herz begehrt,
und erfülle all deine Pläne!
6 So wollen wir jubeln über deinen Sieg
und frohlocken über den Namen unseres Gottes.
Der Herr erfülle alle deine Wünsche!
7 Jetzt weiß ich, daß der Herr seinem Gesalbten hilft,
ihm aus dem Himmel seiner Heiligkeit hilft
mit befreienden Taten seiner Rechten.
8 Jene sind stark durch Wagen, durch Rosse,
wir aber durch den Namen des Herrn, unseres Gottes.
9 Jene stürzen und fallen,
wir aber stehen und überdauern.
10 Herr, hilf dem König!
Erhöre uns am Tag, da wir rufen!

I

Mit gemischten Gefühlen liest man dieses »Gebet für den König«. Wer könnte es noch nachbeten? Wem sollte die Fürbitte gelten? Einer heutigen Regierung vielleicht?

Historisch widerspiegelt der Psalm einen Kultakt im Tempel zu Jerusalem. Der Tempel war – wirtschaftlich, rechtlich – Eigentum des Königs, diesem deshalb besonders verpflichtet. So fehlte es hier denn nicht an speziellen Königsritualen, etwa für Thronbesteigungsfeste, für Gedenktage oder anläßlich des Aufbruchs in einen Krieg.

Man muß sich wohl vorstellen, daß die Darbringung von Opfern (4), durch den König persönlich oder in seinem Namen, im Mittelpunkt des Kultaktes stand. Hierbei walteten die Priester wortlos ihres Amtes: »Der israelitische Priester ist... bei allen seinen Verrichtungen vollkommen *stumm*. Bei keiner Handlung wird ihm ein Wort vorgeschrieben, das er zu sprechen hätte. Wortlos vollzieht er alle Opfer und verrichtet seine Funktionen.« (Benno Jacob) Hängt diese Wortlosigkeit vielleicht damit zusammen, daß der Opferkult – wie ja auch das Königtum! – nicht israelitischer Herkunft, sondern Angleichung an außerisraelitische Gepflogenheiten war? Dieser Umstand machte jedenfalls die prophetische Ablehnung des Opferdienstes (1. Samuel 15,22; Hosea 6,6) erst recht brisant! Bereits aber das stumme Agieren der Priester beim Opferdienst scheint eine israelitische Besonderheit gewesen zu sein, die Benno Jacob, von Gershom Scholem zustimmend zitiert, folgendermaßen interpretierte: »Wenn wir die sonstige Ähnlichkeit des israelitischen Kultus mit dem der übrigen alten Welt erwägen, so kann dieses Schweigen nur bewußte Opposition sein. Es sollte jeder Schein vermieden werden, als sei das Wort durch sich selber kräftig, als wirke die vorgeschriebene Formel magisch.«

Keine Opferformeln also! Die Priester amteten stumm. Dafür begleitete – zumindest bei den Königsritualen! – eine Gruppe von Tempelsängern die Darbringung der Opfer mit ihrem Gesang. In Psalm 20 dürften wir den Text dieses Gesangs vor uns haben. Vorstellbar wäre, daß zwischen Vers 6 und 7 ein Zeichen der Erhörung geschah – als Heilsorakel, als (nicht vorformulierter) Gottesspruch? Jedenfalls scheinen die Verse 7–10 ein Dank- und Preisgesang zu sein, der dem Erhörungszeichen geantwortet haben könnte.

2

Krieg (siehe zu Psalm 18) – und wenn schon Krieg, dann bitte auch Sieg (6)! Ohne Hoffnung auf Sieg würden Kriege erst gar nicht begonnen. Gerne wüßte man, was für einen Krieg dieser Psalm vor Augen hatte, um was es dabei ging. Nahe liegt natürlich der Verdacht, hier sei der König von seinen Tempelsängern zum heiligen Krieger und Sieger hochgejubelt worden. Immerhin waren damals die Zeiten der »heiligen Kriege« vorbei, in denen Israel sich unter der Führung von Charismatikern weit überlegener Feinde erwehren konnte. Oft genug kämpften Israels oder Judas Könige bloß noch für die Erhaltung und Mehrung ihrer eigenen Macht. Oder sollte man doch nicht so pauschal urteilen? Geschichtstrotzig ertönt plötzlich jedenfalls wieder das Leitmotiv des »heiligen Krieges« aus Israels Frühzeit: »Jene sind stark durch Wagen, durch Rosse, / wir aber durch den Namen des Herrn, unseres Gottes« (8). Ähnlich trotzig dichtete in neuer Zeit der Nicaraguaner Ernesto Cardenal:

»Erkläre Krieg, Herr, allen, die uns Krieg erklären,
denn Du bist unser Verbündeter.
Großmächte sind gegen uns,
aber die Waffen des Herrn sind mächtiger.«

In demselben Geist schreiben – besonders schmerzlich für das neue Israel! – palästinensische Dichter heute Gedichte des Widerstandes gegen die überlegene Militär- und Besetzungsmacht in ihrem Lande.

Wie denn nun? Wurde mit dem Psalm 20 ein König, wurden durch Wiederholung des Rituals sogar *viele* Könige in *ihrem* Tempel stets wieder zu heiligen Kriegshelden emporstilisiert? Oder ist der Psalm zu verstehen als Widerstandspoesie, Widerstandsliturgie? Daß von ihm einzig in dieser zweiten Bedeutung ein guter Gebrauch gemacht werden kann, ist klar. Gültigkeit behält er als Bekenntnis zu einem Gott, der nicht mit den stärkeren Bataillonen ist, der vielmehr den Bedrängten, den Überwältigten oder von Überwältigung Bedrohten Recht und Raum schafft.

3

Doch was anfangen mit der Bitte »Herr, hilf dem König!« (10)? Die Bitte umformen zu »Herr, hilf der Regierung!«? Ja – sofern es eine Regierung ist, die Recht schafft den Bedrückten, den Armen, der Gier der Mächtigen und Reichen dagegen Schranken setzt. Einer Regierung, die andere Prioritäten hat, sind in der Fürbitte Einsicht und Umkehr, jedoch keine Siege zu wünschen.

Eine andere Deutungs- und Gebrauchsweise des Psalms darf sich auf eine ehrwürdige, sowohl jüdische wie christliche Auslegungstradition berufen. Ihr zufolge gilt die Fürbitte dem endzeitlichen Messias, dem »Gesalbten« (7). Nach der langen Kette von Enttäuschungen über reale Könige und Regierungen richtete sich die Hoffnung vor allem der Gebeugten, Bedrängten, Verfolgten immer inbrünstiger auf einen endzeitlichen König (Messias), Befreier, »Neuordner« (wie Hilde Domin ihn nannte), der den Leiden und Miseren ein Ende setzen und Gottes Gerechtigkeit geschichtlich zum Durchbruch verhelfen wird. Nicht zuletzt dank dieser – in Leiden vielfach erhärteten, vielfältig ausgesponnenen – Messias-Hoffnung konnte Israel durch Jahrhunderte der Zerstreuung, Demütigung und Drangsal hindurch »stehen und überdauern« (9).

4

Fremd bleibt der hebräischen Bibel eine magische Auffassung des Gottesnamens. Wenn hier der Schutz dieses Namens erfleht (2), seine Macht derjenigen von Rossen und Wagen entgegengehalten wird (8), ist damit an keinen magischen Gebrauch des Namens gedacht. »Jahwe« ist weder Zauber- noch Beschwörungswort. Gerade um magischen Mißbrauch von vornherein zu verhindern, durfte der Name nicht ausgesprochen werden.

Hier wie auch in andern Psalmen (44,6; 54,8; 118,10–12; 124,8) spielt der »Name« deswegen eine große Rolle, weil er im Glauben der Tempel-Theologie seinerzeit die Stelle einnahm, »an der sich in anderen Kulten das Kultbild befindet« (Gerhard von Rad), nämlich über dem Thronsitz der Lade. Dort war der »Name« je und je gegenwärtig und im Namen Jahwe selbst, der »aus dem Himmel seiner Heiligkeit« (7) im Tempel erschien, um von hier aus die Seinen schützend und helfend zu begleiten.

Doch wie gesagt: Die Anrufung des Namens ist das eine, das antwortende Handeln Jahwes das andere. Der »Name« ist keine magische Formel, im Gegenteil! Die grundlegende Deutung des Namens »Jahwe« in 2. Mose 3,14 (»Ich werde jeweils dasein, wie ich dann dasein werde«) hält ein für allemal fest, daß dieser Gott nie magisch beschwörbar sein wird, daß man ihn nicht herbeizitieren und auf bestimmte Erscheinungs- oder Handlungsweisen festlegen kann. Immer wird er in seiner jeweiligen Präsenz der Freie, d. h. der souverän Erscheinende und Entscheidende bleiben, dessen sich kein König, kein Priester, kein Volk bemächtigen kann. Von vornherein desavouiert die Nennung des »Namens« (2/6/8) allfällig vorgekommene Mißbräuche des Psalms im Dienste königlicher Machtinteressen. Nicht einmal der Tempel selbst vermochte den »Namen« für immer an sich zu binden. Der Tempel wurde zerstört, der »Name« blieb – erst recht ein Grund, zu »frohlocken über den Namen unseres Gottes« (6).

Psalm 21

1 Dem Chorleiter. Ein Psalm Davids.
2 Herr, es freut sich der König über deine Macht,
ob deiner Befreiung jubelt er laut!
3 Den Wunsch seines Herzens hast du ihm gewährt,
ihm nicht verweigert das Begehren seiner Lippen. Sela.
4 Ja, du überraschest ihn mit Segnungen des Guten,
setzest auf sein Haupt die goldene Krone.
5 Er bat dich um Leben – du gabst es ihm,
langes Leben für immer und ewig.
6 Groß ist sein Ruhm durch deine Hilfe,
Glanz und Hoheit hast du auf ihn gelegt.
7 Ja, du setzest ihn zur Segnung für immer,
du erquickst ihn mit Freude vor deinem Antlitz.
8 Ja, der König vertraut dem Herrn,
durch die Huld des Höchsten wird er nicht wanken.
9 Deine Hand wird all deine Feinde erreichen,
deine Rechte deine Hasser erlangen.
10 Du wirst sie zum Feuerofen machen, wenn du erscheinst,
dein Antlitz, Herr, wird sie verschlingen in deinem Zorn,
das Feuer wird sie fressen.
11 Ihre Frucht wirst du von der Erde verschwinden lassen,
ihre Nachkommen aus den Menschenkindern.
12 Wenn sie Böses gegen dich anzetteln,
Ränke schmieden – sie sollen nichts ausrichten!
13 Denn du schlägst sie in die Flucht,
zielst mit deinem Bogen auf ihr Gesicht.
14 Steh auf, Herr, in deiner Kraft,
so wollen wir deiner Großtat singen und spielen!

Der Gesang der Tempelsänger preist Jahwes machtvolle Hilfe (2) und Segnung (3), die den König über seine Feinde wird siegen lassen (9–14).

Ist der Psalm im Tempel angestimmt worden, wenn feindliche Stämme ins Land eingefallen waren? Soll man davon ausgehen, daß – wie in 2. Chronik 20 beschrieben – den Angreifern mit dem alten Ritual des »Heiligen Krieges« entgegengetreten wurde? In diesem Fall hätte zunächst ein Priester, vom Geist Jahwes ergriffen (2. Chronik 20,14), die Weisung Gottes ausgegeben: »Stellt euch nur auf und bleibt stehen und seht zu, wie Jahwe euch Rettung schafft, Juda und Jerusalem!« (2. Chronik 20,17) Alsdann wären die »Sänger für den Herrn (Jahwe)« »in heiligem Schmuck« und lobpreisend vor den gerüsteten Kämpfern dem Feind entgegengezogen und hätten auf dem Kampfgelände, ebenfalls in vorderster Front, laut das Lob Jahwes gesungen, worauf dieser – so jedenfalls im »heiligen Krieg« des Königs Josaphat (2. Chronik 20,22 / 23) – »feindselige Mächte ihr Werk treiben ließ unter den Ammonitern, den Moabitern und denen vom Gebirge Seir, so daß sie geschlagen wurden«, d. h. sich selber schlugen, indem sie sich plötzlich widereinander wandten und sich gegenseitig hinmetzelten. Der klassische »Heilige Krieg« machte die Krieger zu Zuschauern! Ohne eigenes Eingreifen wurden die israelitischen Kämpfer Zeugen, wie die Feinde, von Jahwe verwirrt, sich selber vernichteten, bis nur noch Leichen am Boden lagen »und niemand war entronnen« (2. Chronik 20,24). Mit späteren »heiligen« Kriegen – der Christen, der Moslems, der Israelis auch – hat der »Heilige Krieg« des alten Israels wenig zu tun.

Am liebsten nähme man an, die Vernichtungswünsche, Vernichtungsvisionen (9–13) bezögen sich auf eine Selbstvernichtung angreifender Feinde, wie der Bericht 2. Chronik 20 sie überliefert. Doch auch so bleibt Unbehagen genug! Sicher: Krieg damals und Krieg heute sind, was die äußeren Mittel und Dimensionen betrifft, nicht miteinander zu vergleichen. Doch heute wie damals werden Kriege zunächst in – *männlichen!* – Köpfen ersonnen, entworfen. Und was hier im Kopf, dann im Text des Psalmautors an Bildern gottgewirkter Feindvernichtung erscheint (9–13), ist – selbst wenn da orientalische Übertreibungsrhetorik mit im Spiel sein mag – schlechtweg inakzeptabel geworden. Nach den Gaskammern, den Verbrennungsöfen im Dritten Reich, nach den atomaren Feuerstürmen in Hiroshima und Nagasaki, können wir Anrufungen Gottes wie »Du wirst sie zum Feuerofen machen, wenn du erscheinst«, Verfluchungen wie »Das Feuer wird sie fressen« (10), nicht mehr nach-sprechen, geschweige denn nachbeten. Und nach den Genoziden an den Indianern, den Teilgenoziden an den Juden, den Kambodschanern sowie in einer Zeit der Hunger-Genozide muß uns die Bitte an Gott »Ihre Frucht wirst du von der Erde verschwinden lassen, / ihre Nachkommen aus den Menschenkindern« (11) die Sprache verschlagen.

Unvorstellbar, daß Jesus die Verse 9–13 nachgebetet haben könnte. Zwei Jüngern, die Feuer vom Himmel fallen lassen wollten, um ein samaritanisches Dorf, das der Jesus-Gruppe Aufenthalt und Herberge verweigert hatte, vom Erdboden zu vertilgen, antwortete er, eindeutig in Körpersprache und Gestik: »Er aber wandte sich um und bedrohte sie.« Einige alte Textzeugen fügen dem noch die Worte hinzu: »Ihr wißt nicht, welches Geistes ihr seid. Denn der Sohn des Menschen ist nicht gekommen, Menschenleben zu verderben, sondern zu retten.« (Lukas 9,54–56)

Psalm 22

1 Dem Chormeister. Nach »Hindin Morgenröte«.
Ein Psalm Davids.
2 Mein Gott, mein Gott, warum hast du mich verlassen,
bist ferne meinem Schreien, den Worten meines Flehens?
3 Ich rufe bei Tage, und du antwortest nicht,
bei Nacht, und finde keine Ruhe.
4 Und doch thronst du, der Heilige,
über den Lobgesängen Israels!
5 Dir vertrauten unsere Väter,
sie vertrauten, und du hast sie gerettet.
6 Zu dir schrien sie und wurden befreit,
auf dich vertrauten sie und wurden nicht zuschanden!
7 Aber ich bin ein Wurm und kein Mensch mehr,
ein Spott den Leuten, vom Volke verachtet.
8 Alle, die mich sehen, verhöhnen mich,
verziehen den Mund, schütteln den Kopf:
9 »Er warf's auf den Herrn, der helfe ihm nun,
der rette ihn, denn er ist ihm ja wohlgesonnen!«
10 Du zogst mich aus dem Mutterleib,
bargst mich an der Brust meiner Mutter.
11 Auf dich bin ich geworfen vom Mutterschoße an,
vom Leib meiner Mutter her bist du mein Gott.
12 Sei mir nicht ferne,
denn nah ist die Not,
denn niemand hilft.
13 Mich umringen viele Stiere,
Basan-Büffel umzingeln mich,
14 sie sperren ihren Rachen gegen mich auf,
löwengleich reißend, brüllend.
15 Ich bin ausgeschüttet wie Wasser,
meine Knochen scheinen sich auflösen zu wollen.
Mein Herz ist geworden wie Wachs,
zerflossen in meinem Inneren.

16 Mein Gaumen ist trocken wie eine Scherbe,
meine Zunge klebt am Schlund.
Du legst mich in den Staub des Todes.
17 Denn viele Hunde umlagern mich,
eine Rotte von Bösgesinnten umkreist mich.
Sie binden mir Hände und Füße.
18 Zählen kann ich alle meine Knochen.
Sie aber schauen her und begaffen mich.
19 Sie teilen meine Kleider unter sich,
werfen das Los um mein Gewand.
20 Doch du, Herr, bleibe nicht fern,
Du meine Stärke, eile, mir zu helfen!
21 Errette mein Leben vor dem Schwert,
meine Seele vor den Hunden!
22 Befreie mich aus dem Rachen des Löwen,
vor den Hörnern der Büffel!
– Du hast mich erhört! –
23 Nun will ich meinen Brüdern von deinem Namen erzählen,
dich preisen inmitten der Gemeinde:
24 »Die ihr den Herrn fürchtet, preiset ihn,
all ihr Nachkommen Jakobs, ehret ihn,
erbebt vor ihm, alle Nachkommenschaft Israels!
25 Denn er hat nicht verachtet noch verabscheut
die Not des Elenden,
hat sein Antlitz nicht vor ihm verborgen,
hat auf ihn gehört, als er schrie.«
26 Dir verdank ich's, daß ich loben kann in großer Gemeinde,
mein Gelübde erfüll' ich vor denen, die ihn fürchten.
27 Die Armen sollen essen und satt werden.
Den Herrn sollen preisen, die nach ihm fragen.
Aufleben soll euer Herz für immer!
28 Dessen sollen gedenken und umkehren alle Enden der Erde,
vor ihm niederfallen alle Geschlechter der Völker!
29 Denn das Königtum ist des Herrn,

er waltet über die Völker.
30 Ihm allein sollen huldigen alle,
die in der Erde schlafen,
vor ihm sich beugen alle,
die in den Staub gesunken sind,
deren Seele nicht am Leben blieb.
31 Meine Nachkommenschaft wird ihm dienen,
wird dem folgenden Geschlecht erzählen vom Herrn,
32 wird seine Heilstat erzählen dem nachgeborenen Volk,
denn er hat's getan!

I

Ein Kranker schreit in seiner Qual zu Gott, ohne daß dieser zunächst reagiert (2–3). In der mythischen Gestalt von Tierdämonen (13–14) schrecken, verstören ihn die zerstörerischen Mächte seiner Krankheit (15–16). »Ich bin ein Wurm und kein Mensch mehr« (7) besagt wohl: Entstellt, abstoßend bin ich geworden, ein Anblick des Jammers, ob dem Gesunde angewidert »den Mund verziehen« (8). Von »aufrechtem Gang« keine Rede mehr, weder physisch noch psychisch. Hinzu kommt, daß »Bösgesinnte« (17) den Elenden wie streunende Hunde umkreisen, umlauern – nachts vielleicht (3)? – und ihn gierig begaffen (17–18). Solche Ausgesetztheit und Erniedrigung macht die Gottverlassenheit (2) des Kranken erst recht manifest. Niemand ist da, der helfen wollte oder helfen könnte (12). Als einzige Hoffnung bleibt Jahwe, der Arzt (2. Mose 15,26). Denkbar wäre, daß der Kranke, die Morgenstunde und das Heilsorakel erwartend, innerhalb oder außerhalb des Tempelbereichs nächtigen mußte, preisgegeben seiner Angst, seinen Schmerzen und – der Gesellschaft allerlei zweifelhafter Mitmenschen. Ortsveränderungen oder gar Krankentransporte waren so rasch ja nicht zu bewerkstelligen.

Wie auch immer: Gesundheit, Wiederherstellung wurde den Kranken jedenfalls nicht (noch nicht) durch ärztliche Heilkunst, sondern durch das Heil des Kultes zuteil. Doch ist's nicht mehr möglich, dem Psalm die näheren Umstände und Erlebnisse zu entnehmen, die ihm ursprünglich zugrunde gelegen haben mögen. »Das Bild von den Leiden, das der Beter entwirft, transzendiert das subjektiv Erlebte auf etwas Äußerstes hin. Nicht selten (vgl. Psalm 22) sind vielerlei Leiden auf den Beter kumuliert. Er stellt sich also dar als den paradigmatisch Leidenden.« (Gerhard von Rad) Stilistische, damit zugleich typisierende Steigerung ins Extreme also – der Psalm soll von Menschen in ähnlichen Nöten nachgebetet werden können und ist tatsächlich auch nachgebetet worden, sei's ganz, sei's teilweise oder, wie von Jesus am Kreuz überliefert

(Matthäus 27,46), wenigstens mit seinen Anfangsworten. Im übrigen zeichnet die literarische Dramatisierung denn doch beklemmend genau die verzweifelte Dramatik, ja Panik nach, die eine lebensgefährliche Erkrankung in den meisten Patienten auslöst. Die Panik wird weder literarisch noch religiös »weggezuckert« (Friederike Mayröcker).

»Bösgesinnte« (17) haben es kaum erwarten mögen, daß der Todkranke stirbt und sie sich seine Gewandung aneignen können (19) – oder haben sie dem Wehrlosen nächtlicherweile das Hemd vom noch lebendigen Leib gezogen? Könnten sich Szenen solch ungeduldiger Fledderei an noch nicht ganz Toten im Schutze der Dunkelheit etwa selbst im Tempelbereich abgespielt haben? Unmöglich wäre dies nicht, lagerten hier doch andauernd Elendsgestalten, die Hilfe suchten und bei Gelegenheit wohl auch unzimperlich Selbsthilfe übten. Asylszenen, Nachtasylszenen? In der Tat bot der Tempel Armen, Kranken, Verfolgten Asyl, wenigstens vorübergehend. Im übrigen ist die Notlage wehrlos Kranker zu allen Zeiten ausgenützt worden. Auch von heutigen Spitälern weiß die Polizei, daß nirgends so viel gestohlen wird wie hier.

2

In der Morgenfrühe wird das Opfer gerüstet, erhebt der Opfernde seine Stimme zu Gott (Psalm 5,4), bittet um Recht, um Heilung. Vor allem Verfolgte, Arme, Kranke fanden sich ein, um Opfer darzubringen, um einen Rechtsspruch, ein Heils- und Heilungsorakel zu empfangen (Psalm 107,20) und danach an einer Opfermahlzeit teilzunehmen, zu der die Armen eingeladen waren (27).

Der Ausruf »Du hast mich erhört!« (22) dürfte anzeigen, daß Jahwe die Klage des Kranken beantwortet hat, sei's durch eine Heilungszusage, sei's durch eine plötzliche Wendung zur Gesundung, so daß der dem Leben Wiedergegebene, bereits auch Genesende, neu gemeinschaftswillig und gemeinschaftsfähig, anschließend inmitten der feiernden

Kultgemeinde Gott zu preisen (23/26), Jahwes unbegrenzte Heilsmacht (28/29) zu rühmen vermag. Selbst den Toten sagt er dabei nach, daß sie miteinstimmen in die Lobpreisung Gottes (30)! Damit knüpft er wohl an die selbst erlebte Todesnähe (16) an. Dennoch bleibt die Aussage ungewöhnlich und sprengt den gängigen Vorstellungsrahmen der hebräischen Bibel, wonach Tote Gott nicht mehr loben können (Psalm 88,12; Jesaja 38,18). Hymnische Theo-Poesie durchbricht für einmal die zurückhaltendere Lehre oder Theo-Logie. Allerdings ist die kühne Aussage keineswegs an der Frage orientiert, was nach dem Tod mit dem Menschen geschehen werde. Die Lobpreisung geht einzig darauf aus, Jahwe so groß wie nur möglich zu machen, seine Gegenwart und Macht möglichst vieldimensional zu rühmen. Die Perspektive ist theozentrisch, nicht anthropozentrisch, erst recht nicht egozentrisch.

3

Inwieweit nun aber und wie lange hat die Heilung Kranker durch Teilnahme am Opferkult, durch Heilsorakel und Gottesspruch, »funktioniert«? Genau ist dies nicht mehr festzustellen. Sicher aber sind keineswegs alle Kranken, die das Heiligtum aufsuchten, danach wieder genesen. Sicher haben sich längst nicht alle Heilungsorakel, Heilszusagen tatsächlich auch erfüllt. Sonst hätte sich die ärztliche Wissenschaft der Griechen, die hippokratische Medizin, nicht nach und nach ebenfalls im Bereich des Judentums einbürgern können. Allerdings blieb sie zugänglich nur für Begüterte. Von einer ärztlichen Versorgung des einfachen Volkes konnte etwa zur Zeit Jesu noch lange keine Rede sein! Die Wunderheilungen hatten deshalb auch sozialen Charakter.

Offen bleibt die Frage, ob es denn auch Orakel oder Gottessprüche gab, die dem Kranken *keine* Heilung zusagen konnten, ihn im Gegenteil auf einen tödlichen Ausgang seines Leidens vorbereiten mußten. Hat am Ende eine Art Automatik der Heilungszusagen eingerissen, die früher oder später unglaubwürdig werden mußte, eine falsche Heilsprophetie also auch an die Adresse einzelner?

Bereits vor der Zerstörung des (zweiten) Tempels hatte sich der Opferkult jedenfalls entleert und überlebt. Die synagogalen Gottesdienste begnügten sich – wie diejenigen der Christen – mit Lektionen, Gebeten, mit Reden und Hören sowie mit gegenseitiger Fürsorge, die nunmehr endgültig an die Stelle der sozialen und therapeutischen Dienste des Tempels trat. Auch verlagerte sich – vollends in der Zerstreuung – der Schwerpunkt gottesdienstlichen Lebens in das jüdische Haus, wo der Tisch, an dem die Hausgemeinschaft sich an Sabbat- und Festtagen versammelt, den Altar ersetzt: »In der Zeit, da das Heiligtum bestand, sühnte der Altar für einen Menschen, jetzt sühnt eines Menschen Tisch für ihn« (Talmud, Chagiga 27 a). Dabei wird die Schriftlesung von Gott so angesehen, als ob vor ihm ein Opfer dargebracht würde, »und ich vergebe ihnen alle ihre Verschuldungen« (Talmud, Taanit 27 b).

Noch zu »Lebzeiten« des Tempels in Jerusalem hatte Paulus, der zum Christus-Glauben bekehrte Jude, eine neue Tempelvision. Der Christengemeinde in Korinth schrieb er: »Wißt ihr nicht, daß *ihr* Gottes Tempel seid und daß der Geist Gottes in euch wohnt?« (1. Korinther 3,16)

Auf einen Tempel, der anstatt aus Steinen aus lebendigen Menschen gebildet ist, auf einen Gottesthron, prächtiger als die Lade mit den Keruben, weil aus lobpreisenden Menschenstimmen gefügt, weist bereits auch Psalm 22 hin mit der Aussage, wonach Gott, der Heilige, »über den Lobgesängen Israels thront« (4). Unabhängig von Sakralräumen ereignet sich die Gegenwart des universalen Gottes (28–29) jeweils dort, wo Menschen sich als Gemeinde zusammenfinden, um sein Lob zu singen.

Psalm 23

1 Ein Psalm Davids.
Der Herr ist mein Hirte, mir mangelt nichts.
2 Auf grünen Auen läßt er mich lagern.
Zu ruhigen Wassern führt er mich.
3 Er erneuert meine Lebenskraft.
Er führt mich auf rechten Pfaden
um seines Namens willen.
4 Auch wenn ich durchs Tal der Todesschatten ziehe,
fürchte ich Böses nicht,
denn du bist bei mir,
dein Stab und dein Stock –
sie geben mir Sicherheit.
5 Du rüstest mir den Tisch
vor den Augen meiner Feinde.
Du salbst mir das Haupt mit Öl.
Gefüllt ist mein Becher.
6 Lauter Güte und Huld folgen mir
alle Tage meines Lebens,
und ich werde zurückkehren zum Hause des Herrn
mein Leben lang.

Möglicherweise war der Beter von »Feinden« angeklagt, durch Jahwes Rechtsspruch von der Anklage jedoch freigesprochen worden und feiert nun den Freispruch bei der Opfermahlzeit im Tempel, am Tische und unter dem Schutze Gottes (5). Dabei, so kann man sich vielleicht vorstellen, preist er Jahwe, der als umsichtiger Hirte Israels (1; Psalm 80,2; Jesaja 40,11) seine Herde von einem Weideplatz zum andern führt, d. h. seinem Volk je und je wieder neue Lebensmöglichkeiten anbietet. In dunklen, gefahrvollen Tälern schützt er die Herde mit eisenbeschlagenem Stock vor Überfällen räuberischer Tiere oder Menschen (4). Das Bild von Hirt und Herde verknüpft das Schicksal des einzelnen mit demjenigen des ganzen Volkes. Jahwe ist kein Privatgott. Weil seine Fürsorge dem Weg aller gilt, kümmert er sich um die Wege auch der einzelnen.

In unseren Breiten begegnet man kaum noch wandernden Herden und Hirten. Um so mehr ist das Bild Hirt-Herde romantisiert worden. Im Psalm aber liegt alles andere als eine Hirtenidylle vor. Das Leben der mit ihren Herden von Weideplatz zu Weideplatz ziehenden Hirten war hart, oft strapaziös, manchmal lebensgefährlich. Ihm zeigten sich nur rauhe, furchtlose Männer gewachsen, die bei der seßhaften Bevölkerung nicht immer in bestem Ansehen standen.

Mit dem Hirtenbild zeichnet der Verfasser des Psalms einen Gott, der sich aus irdischen Strapazen und Gefahren nicht heraushält, sie vielmehr mit der »Herde« teilt, mit der er unterwegs ist. Einen guten Hirten erkannte man daran, daß er gegebenenfalls auch sein Leben für die Schafe aufs Spiel setzt (Johannes 10,12). Insofern besagt die Bildrede also auch: »Ein gefährdeter Gott, ein Gott mit eigenem Risiko« (Hans Jonas). Die Weg- und Schicksalsgemeinschaft des Hirten mit seiner Herde schließt die – alten Griechen unvorstellbare! – Möglichkeit mit ein, daß auch Gott selber verwundet, verletzt und überwältigt werden könnte. Womit Psalm 23 weit über den damaligen Beter und seinen Gedankenhorizont hinausweist in noch heillosere Zeiten, da Gott und sein Volk den Gewalttätern im »Tal der Todesschatten« (4) nicht zu entkommen vermochten.

Psalm 24

1 Von David. Ein Psalm.
Des Herrn ist die Erde und was sie füllt,
der Boden und die darauf siedeln.
2 Denn er ist's, der sie über Meeren gegründet
und über Strömen festgemacht hat.
3 »Wer darf hinaufsteigen zum Berg des Herrn,
und wer darf seinen heiligen Bezirk betreten?«
4 »Wer unsträfliche Hände hat und ein lauteres Herz,
wer seine Kräfte nicht an Leeres (Götzen) wendet
und nicht falsch schwört –
5 der wird vom Herrn Segen empfangen
und Gerechtigkeit vom Gott seines Heils.
6 Das ist das Geschlecht derer, die nach dem Herrn fragen,
die da suchen das Antlitz des Gottes Jakobs.« Sela.
7 Hebt hoch, ihr Tore, eure Häupter,
erhöht euch, ihr uralten Pforten,
daß einziehe der König der Ehren!
8 »Wer ist der König der Ehren?«
Der Herr, der Starke, der Held!
Der Herr, der Held im Krieg!
9 Hebt hoch, ihr Tore, eure Häupter,
erhöht euch, ihr uralten Pforten,
daß einziehe der König der Ehren!
10 »Wer ist der König der Ehren?«
Der Herr der Scharen,
er ist der König der Ehren. Sela.

Ein Wechselgesang mit Fragen, Antworten, hymnischen Anrufungen Gottes. Er dürfte Bestandteil einer festlichen Prozessionsliturgie gewesen sein. Wahrscheinlich führte die Prozession die heilige Lade mit sich, die nach einem zeremoniellen Dialog (7–10) wieder in den Tempel hineingetragen wird. Denkbar ist ein solches Ritual nur in alter, jedenfalls vorexilischer Zeit. Wollte die Prozession vielleicht die überlegene Macht Jahwes über kanaanäische Fruchtbarkeitsgottheiten demonstrieren (1)? »Wenn auch die Herkunft der Lade strittig ist, so war sie zur Zeit Samuels und später jedenfalls Exponent der antikanaanäischen Tradition.« (Martin Schmidt) Nicht auszuschließen ist aber auch, daß die Prozession die zentrale Bedeutung des königlichen Heiligtums öffentlich hat bekunden wollen.

Mit der Lade zieht gleichsam Jahwe selber in den Tempel ein. Die »Maße« des weltschaffenden, weltbesitzenden Herrn (1) sprengen freilich die Dimensionen der Eingangstore, so daß diese aufgerufen werden müssen, sich für ihn noch höher zu machen, als sie sind (7; 9). Das, versteht sich, ist bildhafte Rede. Jahwe, dessen Erscheinungsort über der Lade ist, hat universale Dimension, ist keineswegs nur ein Jerusalemer Lokalgott oder ein königlicher Privatgott. Darum, so verkündet der Psalm, kann Jahwe nicht groß genug gedacht werden und ist jedes Tor, ist selbst der Tempel zu klein für ihn. Um so größer das Wunder, daß der in seiner Größe nicht zu Fassende je und je wieder im vergleichsweise kleinen Tempel und über der noch kleineren Lade erscheint! Das Geheimnis dieses Gottes besteht nicht zuletzt darin, daß seine Göttlichkeit sich auch in menschlichen Dimensionen, seine Größe sich auch im Kleinen manifestiert.

Die liturgische Frage der Priester im Tempelportal »Wer ist der König der Ehren?« beantwortet die Prozessionsgemeinde mit der Nennung des Namens: »Jahwe, der Starke, der Held! Jahwe, der Held im Krieg!« (8) Die Titulationen gehen auf die alte Überlieferung zurück, wonach die Lade den wandernden Stämmen als heldenhafte Vorhut, als schützendes Palladium voranging (4. Mose 10,33–35), und evozieren so gleichzeitig Traditionen des »heiligen Krieges«.

Die Prozessionsteilnehmer werden ebenfalls prüfend befragt (3) und liturgisch daran erinnert, daß das Heiligtum nur von »Zaddikim« (Bewährten) betreten werden darf, d. h. von Menschen, deren Lebenswandel bestimmten ethischen Normen entspricht, wie sie in Psalm 15 und, etwas summarischer, hier in Vers 4 genannt werden. Daß einem Götzendiener, der »seine Kräfte an Leeres wendet«, kein Zutritt gewährt wird, unterstreicht die scharfe Abgrenzung des Tempelkults gegen kanaanäische Kulte, der heiligen Lade Jahwes gegen Kultobjekte der Baals-Gottheiten. Die Schärfe der Abgrenzung läßt vermuten, daß de facto oft eine Vermischung der Kulte stattgefunden hat und nicht wenige Israeliten bald Jahwe, bald aber auch altkanaanäischen Göttern und Göttinnen Verehrung und Opfer darbrachten.

Doch was soll uns dieses alte Tempelritual noch?

Die Kirche liest den Psalm seit langem als Adventstext. Im deutschen Adventschoral »Macht hoch die Tür, die Tor macht weit« wird der Tempel des großen Gottes, der da kommt, noch einmal kleiner gemacht und auf das Herz des einzelnen Gläubigen reduziert – Individualisierung, Entsinnlichung also, deutsche Verinnerlichung wohl auch. Paulus dagegen hält an der Sinnenhaftigkeit und Sichtbarkeit des Tempels fest, wenn er der Gemeinde lebendiger, darum auch lebhaft streitender Christen in Korinth schreibt: »Der Tempel Gottes ist heilig, und der seid *ihr*!« (1. Korinther 3,17) Doch auch in der Gemeinde gibt es Zeiten, da Gott uns entgegenkommt, und Augenblicke, da er sein Antlitz verbirgt. Kann der Psalm somit als Bitte um Gottes Kommen liturgisch gebraucht werden? Ein Zeugnis staunender Verwunderung darüber, daß der universale Gott sich lokal behaften läßt, daß der unendlich Große sich endlich und klein macht, bleibt Psalm 24 auf alle Fälle.

Langfristig am brisantesten dürfte aber Vers 1 sein! Er ruft Jahwe zum Eigentümer der Erde aus, entsprechend jenem Gott-Wort, das Moses auf dem Sinai hörte: »Mein ist die ganze Erde!« (2. Mose 19,5) Jahwe, dem Erdgründer (2), und keinem anderen göttlichen oder menschlichen Baal, d. h. Grundherrn, gehört die Erde. Sein Eigentum sind deshalb auch »der Boden und die darauf siedeln«. Kanaan, das Siedlungsland, war ja eine Gabe Jahwes, der bereits Abraham versprochen hatte: »Deinem Geschlecht gebe ich dieses Land...« (1. Mose 15,18) Hier durfte Israel seßhaft werden. Aus Nomaden wurden Ackerbauern. Eine Institution wie das Sabbatjahr sollte jedoch weiterhin deutlich machen, daß der Ackerboden im Eigentum Jahwes bleibt und nicht schrankenloser Nutzung durch die Menschen anheimfallen darf. Nach jeweils 6 Jahren wurde eine »Feierzeit«, ein Brachjahr, für Äcker und Rebberge eingeschaltet. Es durfte weder gesät noch beschnitten noch geerntet werden. Was der Boden während des Brachjahres an Eßbarem hervorbrachte, kam den Sklaven, den Tagelöhnern, den Beisassen und nicht zuletzt dem Vieh und den Wildtieren zu (3. Mose 25,2–7). Indem Gott der rücksichtslosen Nutzung oder gar Übernutzung des Bodens eine Schranke setzte, wollte er sein Volk zu einem ökologisch schonenden und zugleich sozial ausgleichenden Umgang mit Grund und Boden anleiten. »Und wenn ihr denkt: Was sollen wir im siebenten Jahr essen? Wir dürfen ja nicht säen und unsern Ertrag nicht einsammeln – so will ich euch im sechsten Jahr meinen Segen zuwenden, daß es den Ertrag für drei Jahre liefern soll.« (3. Mose 25,20–21)

Hat Israel die Sabbatjahre überhaupt je eingehalten? Und wenn ja, über welche Zeiträume hinweg? Wir wissen es nicht. Daß die Institution sich auf Dauer nicht hat durchsetzen können, dürfte relativ leicht zu erklären sein. Nie ist der Mensch um Argumente verlegen, die sein Handeln rechtfertigen. Die Natur, die Tiere hingegen haben keine Stimme, können ihre Interessen nicht geltend machen. Mit dem Brachjahr setzte

Jahwe einer Bewirtschaftungsweise Grenzen, die allein nur die Interessen der Menschen im Auge hat. Aus heutigem Rückblick dürfte das Verschwinden des Sabbatjahres deshalb ein erstes Signal dafür gewesen sein, daß der Homo oeconomicus jederzeit dazu bereit ist, sich über die ökologische Weisheit Gottes hinwegzusetzen. Unauffällig fast ist der Herr der Erde enteignet, sind *seine* Erde, *sein* Boden der totalen Verfügungsmacht der Menschen preisgegeben worden. Von diesem »Sündenfall« ist in Synagogen und Kirchen nur selten die Rede, obgleich seine Schadenwirkungen immer sichtbarer, immer spürbarer werden.

Noch radikaler als das Sabbatjahr war das Konzept des Hall- oder Jobeljahres! Nach 7 × 7 Jahren sollte das 50. Jahr Jahwe geweiht und »Befreiung« ausgerufen werden »im Lande für alle, die darin wohnen«: »Da sollt ihr ein jeder wieder zu seinem Besitz und ein jeder wieder zu seinem Geschlecht kommen.« (3. Mose 25,10) Nicht nur sollte auch in diesem Jahr weder gesät noch beschnitten oder geerntet werden, auch sämtliche Landverkäufe der vorhergehenden 50 Jahre sollten wieder rückgängig gemacht werden! Die Idee dabei war, daß so der Landbesitz als Ernährungsgrundlage der Familien langfristig gesichert werden könnte. Natürlich mußten die Kauf- oder eher wohl Pachtpreise für Grundstücke bei dieser Regelung nach der jeweiligen Ferne oder Nähe des Halljahres errechnet werden (3. Mose 25,14–17). Das Halljahr-Konzept einer Bodenreform in 50jährigen Intervallen sollte die Entstehung von Großgrundbesitz einerseits und landlosem Proletariat andererseits verhindern. Jahwes Weisung versuchte, der Degradierung *seines* Bodens zur bloßen Handelsware einen Riegel vorzuschieben: »Grund und Boden darf nicht für immer verkauft werden, denn das Land ist mein, und ihr seid Fremdlinge und Beisassen bei mir.« (3. Mose 25,23)

Hat Jahwes Volk sich an diese Weisung gehalten? Zweifel sind angebracht. Als Israel dann unter die Jurisdiktion fremder Mächte kam (Perser, Griechen, Römer), konnte ein eigenes Bodenrecht ohnehin nicht mehr durchgesetzt werden.

Dennoch bleibt mit der Bibel die Aussage, daß der Erdboden unter unseren Füßen, Werkzeugen, Maschinen, »des Herrn ist« (1), daß wir an ihm letztlich nur Nutzungs-, doch keine Eigentumsrechte haben. Weil wir diese Wahrheit in den Wind schlagen, muß sie sich nun – anstatt in friedlichen Halljahren – stets wieder von neuem in gewaltsamen Revolutionen Geltung verschaffen, um eine gerechtere Neuverteilung des Bodens zu ermöglichen. In solchen Umbrüchen meldet der enteignete Gott seine Eigentumsrechte weiterhin an.

Psalm 25

1 Von David.
Auf dich hoffe ich, Herr,
ich erhebe meine Seele zu meinem Gott.
2 Auf dich traue ich, laß mich nicht zuschanden werden,
laß meine Feinde nicht über mich frohlocken!
3 Keiner, der auf dich hofft, wird zuschanden,
zuschanden werden die Abtrünnigen.
4 Zeige mir, Herr, deine Wege,
lehre mich deine Pfade!
5 Führe mich in deiner Treue den Weg,
denn du bist der Gott meines Heils,
auf dich hoffe ich jeden Tag.
6 Gedenke, Herr, deiner Barmherzigkeit
und deiner Gnaden, denn sie sind von Ewigkeit her!
7 Der Sünden meiner Jugend gedenke nicht,
nach deiner Gnade aber gedenke meiner –
um deiner Güte willen, Herr!
8 Der Herr ist gütig und gerecht,
er weist den fehlbar Gewordenen den Weg.
9 Er lehrt die Bedrückten wandeln nach dem Recht,
er zeigt den Gebeugten seinen Weg.
10 Alle seine Pfade sind Huld und Treue denen,
die seinen Bund und seine Zeugnisse halten.
11 Um deines Namens willen, Herr,
vergib mir meine Schuld, denn sie ist groß!
12 Wer ist der Mann, der den Herrn fürchtet?
Ihm weist er den Weg, den er wählen soll.
13 Seine Seele nächtigt in Gutem,
und seine Nachkommenschaft wird das Land erben.
14 Der Herr zieht zu Rate die, die ihn fürchten,
und läßt sie seinen Bund erkennen.
15 Meine Augen blicken stets auf den Herrn,
der meine Füße aus dem Netz zieht.

16 Wende dich zu mir, und sei mir gnädig,
denn ich bin einsam und elend.
17 Die Enge meines Herzens mache weit,
und führe mich aus der Drangsal heraus!
18 Sieh an mein Elend und meine Pein,
und vergib mir alle meine Sünden!
19 Sieh doch, wie zahlreich meine Feinde sind,
wie sie mich hassen mit unbilligem Haß!
20 Bewahre mein Leben und errette mich,
laß mich nicht zuschanden werden,
denn ich traue auf dich!
21 Schlichtheit und Redlichkeit mögen mich behüten,
denn ich hoffe auf dich, Herr!
22 O Gott, befreie Israel
aus allen seinen Drangsalen!

»Einsam und elend« (16) ist der, der hier Gott um Gnade, um Vergebung anfleht. Feinde bedrängen ihn haßvoll (2 / 19), doch ebenso machen ihm eigene »Jugendsünden« (7) und große Schuld (11) schwer zu schaffen. Hat er, äußerlich wie innerlich in die Enge getrieben (17), im Tempel vielleicht ein Opfer dargebracht und erwartet nunmehr eine Weisung Jahwes aus Priestermund (4)? Fürchtet er gar, wegen seiner Verfehlungen kein echter »Zaddik«, kein Bewährter, sein zu können, und erinnert Gott deswegen so eindringlich an seine oft bewiesene Barmherzigkeit gegenüber Menschen, die fehlbar geworden sind? (16–18). Genau ist die Situation des Beters nicht auszumachen. Das hängt mit der artifiziellen Struktur des Psalms zusammen: Die Zeilenanfänge ergeben im Hebräischen die Buchstabenfolge des Alphabets. In dieser spiegelt sich die Ganzheit des durch das Schöpferwort geschaffenen Kosmos ebenso wider wie die Vollkommenheit der schriftlich überlieferten Thora. Wir haben es jedenfalls mit keinem spontan verfaßten Gebet, sondern mit einem höchst kunstvoll arrangierten Text zu tun, der möglicherweise zwecks liturgischer Verwendung aus schon vorhandenen Texten kompiliert worden ist. Eine späte und sicher nachexilische Datierung drängt sich also auf.

Als liturgische Identifikationsfigur stellt der Psalm einen Mann – wie stets: einen *Mann*, nie eine Frau! – dar, der in Not, in Angst um Vergebung bittet (7 / 11 / 18) und, zur Umkehr bereit, um Weisung des Weges, den er nach Jahwes Heilswillen gehen soll (4.5.8–10).

Auffällig Vers 14: »Der Herr zieht zu Rate, die ihn fürchten, und läßt sie seinen Bund erkennen.« Hier scheint eine dialogische Vorstellung von der Beziehung Gottes zu den Menschen aufzuleuchten, entsprechend dem Bunde, den Jahwe mit Israel einging. Auch dieser Individualpsalm schließt mit der Bitte um die Befreiung ganz Israels (22)! Inhalt des Jahwe-Bundes aber ist die Thora, die Weisung und ebenso der Weg, den Gott mit den Seinen und in ihnen mit der Menschheit gehen will. Gott »wartet darauf, in unsere Taten einzutreten durch unsere Treue zu Seinem Gesetz. Er kann zum Partner unserer Taten werden« (Abraham J. Heschel). Das Wunder des Bundes ereignet sich darin, daß er Menschen zu Partnern Gottes macht.

»Psalm 25 ist durchweht vom Geist der Umkehr«, stellt Hans-Joachim Kraus fest. Dank Gottes Bundestreue wird aus der Umkehr des einzelnen stets auch ein Schritt zur Befreiung des Gottesvolkes insgesamt (22).

Psalm 26

1 Von David.
Schaffe mir Recht, Herr,
denn unsträflich bin ich gewandelt
und habe dem Herrn vertraut ohne Wanken.
2 Prüfe mich, Herr, und erprobe mich,
durchforsche mir Nieren und Herz.
3 Denn deine Güte war mir vor Augen,
ich wandelte in der Treue zu dir.
4 Nicht saß ich bei Männern des Trugs,
bei Heimlichtuern trat ich nicht ein.
5 Ich mied die Versammlung der Bösen
und setzte mich nicht zu den Frevlern.
6 Ich wasche meine Hände in Unschuld,
ich umwandle deinen Altar,
7 um laut das Danklied anzustimmen
und all deine Wunder zu verkünden.
8 Ich liebe die Stätte deines Hauses,
den Ort, da deine Herrlichkeit wohnt.
9 Raffe meine Seele nicht mit den Sündern hinweg,
mein Leben nicht mit den Blutbefleckten,
10 an deren Händen Zuchtlosigkeit klebt,
deren Rechte gefüllt ist mit Bestechung.
11 Ich aber wandle unsträflich.
Erlöse mich, Herr, und sei mir gnädig!
13 Mein Fuß steht auf sicherem Grund,
ich preise den Herrn in aller Öffentlichkeit.

Welchen Vergehens ist der Mann bezichtigt worden, der hier im Tempel vor Gott seine Unschuld beteuert (1–2/11) und mit dem Ritual eines Reinigungs- oder Unschuldseides bekräftigt (6–7; vgl. Psalm 7)? Mit Wasser reinigt er symbolisch seine Hände und umschreitet den Altar, Jahwe laut dankend und lobpreisend.

Der Beter, so meine Vermutung, ist beschuldigt worden, am Kult anderer Götter, etwa der Ischtar und des Baal, teilgenommen zu haben. Darum hebt er mit Nachdruck sein Vertrauen (1) und seine Treue zu Jahwe (3) hervor und bezeugt seine Liebe zum Tempel (8), wo der »kabod«, Jahwes »Lichtglanz« oder »Herrlichkeit« je und je Wohnung nimmt. Hier und nur hier ist Jahwe seinem Volk nahe! Der Tempel war als Zentralheiligtum errichtet worden, um die dezentralen, weit verstreuten Höhenheiligtümer und alten Kultstätten zu entwerten und abzulösen, denn dort kam es häufig zu kaum kontrollierbaren Vermengungen zwischen der Naturreligion der kanaanäischen Ureinwohner und dem Jahwekult der Israeliten. Die Völker und ihre Kulturen, Religionen, lebten nebeneinander und miteinander, zuweilen streitend, oft jedoch in lebhaftem Austausch. Palästina ist immer – und bis in die Gegenwart! – ein Mehrvölkerland gewesen. Der Tempel in Jerusalem aber war als Hort des reinen Jahwekults und als Bollwerk gegen den religiösen Synkretismus konzipiert. Als »Zaddik«, als kultfähig, galt hier nur, wer ausschließlich Jahwe und keinen anderen Göttern diente (Psalm 24,4). Dem Beter des Psalms scheint jedoch vorgeworfen worden zu sein, daß er an Zusammenkünften von »Bösen« und »Frevlern« (5) teilgenommen habe. Die Verse 9–10 könnten Szenen eines Fruchtbarkeitskultes perhorreszieren, bei dem es zu rituellem Blutvergießen – durch Selbstverwundungen? – sowie zu orgiastischer Promiskuität (10: »Zuchtlosigkeit«) kam, sei's öffentlich oder in »Heimlichtuerei« (4). Wer an solchen Ritualen teilnahm, hatte Jahwes Segen und damit im Prinzip sein Lebensrecht verwirkt, darum die Bitte: »Raffe meine Seele nicht mit den Sündern hinweg, mein Leben nicht mit den Blutbefleckten, an deren Händen Zuchtlosigkeit klebt...« (10)

Was soll aber der Hinweis auf die rechte Hand der »Sünder«, die »gefüllt ist mit Bestechung« (10)? Konnte der Baalskult am Ende mit Geld oder wirtschaftlichen Vorteilen lokken? Das ist nicht auszuschließen. Zumal die Landwirtschaft war mit der Natur- und Fruchtbarkeitsreligion eng verknüpft. Die Trennung von Religion und Wirtschaft war jener Zeit noch fremd. Gut möglich also, daß im nahen Zusammenleben der unterschiedlichen Religionen wirtschaftliche Faktoren, Rücksichtnahmen, Zuwendungen eine Rolle spielten. Aber auch einen Verdacht in diese Richtung weist der Beter zurück (11), er ist nicht bestechlich, stellt sich auf den »sicheren Grund« des Vertrauens auf Jahwe, den er »ohne Wanken« (1) und »in aller Öffentlichkeit« (12), d. h. vor allen Menschen, im Tempel preist.

Der Jahwe-Glaube, wie er im Tempelkult, aber auch in der Verkündigung der Propheten zum Ausdruck kam, forderte die entschiedene Abkehr von anderen Glaubens- und Kultformen. Mit dieser Intoleranz – wie wir heute sagen – versuchte Israel mitten im Völkergemisch Palästinas seine Identität zu behaupten. Mit Erfolg, wie sich zeigte. Weder religiös noch ethnisch ist, aufs Ganze gesehen, Israel in anderen Völkern aufgegangen. Ohne die Intoleranz und erfolgreiche Identitätsbehauptung Israels hätte es später weder das Christentum noch den Islam geben können. Aus dieser historischen Tatsache darf jedoch keine religiöse Pflicht zur Intoleranz abgeleitet werden. Seit langem haben die Mystiker der drei Religionen dies erkannt. Ihren Einsichten entspricht die Aussage des jüdischen Philosophen Franz Rosenzweig: »Von Gott wissen wir nichts. Aber dieses Nichtwissen ist Nichtwissen von Gott. Als solches ist es der Anfang unseres Wissens von ihm. Der Anfang, nicht das Ende.«

Psalm 27

1 Von David.
Der Herr ist mein Licht und mein Heil,
vor wem sollte ich mich fürchten?
Der Herr ist meines Lebens Schutzburg,
vor wem sollte mir bangen?
2 Wenn Bösgesinnte mich anfallen, mich zu zerfleischen,
meine Bedränger und meine Feinde,
so müssen sie straucheln und fallen.
3 Lagert sich gar ein Heer wider mich –
mein Herz fürchtet sich nicht.
Ersteht ein Kampf gegen mich,
bleibe ich trotzdem gesichert.
4 Eines habe ich erbeten vom Herrn,
das ist's, wonach ich verlange:
zu weilen im Hause des Herrn alle Tage meines Lebens,
um die Freundlichkeit des Herrn zu schauen
und sein Wort zu erwarten in seinem Tempel
5 Denn er birgt mich in seiner Hütte am Tage des Unheils.
Er beschirmt mich im Schutz seines Zeltes,
auf den Fels hebt er mich empor.
6 Und dann erhebt sich mein Haupt über meine Feinde ringsum.
In seinem Zelt will ich Opfer darbringen voller Jubel.
Dem Herrn will ich singen und spielen.
7 Höre, Herr, laut rufe ich,
sei mir gnädig und antworte mir!
8 Mein Herz spricht dir nach: »Suchet mein Antlitz!«
Ja, dein Antlitz suche ich, Herr,
9 verbirg dein Antlitz nicht vor mir!
Weise nicht ab im Zorn deinen Knecht!
Meine Hilfe bist du, verstoße mich nicht,
verlasse mich nicht, Gott meines Heils!
10 Vater und Mutter verlassen mich,

der Herr aber nimmt mich auf.
11 Weise mir, Herr, deinen Weg!
Leite mich auf ebenem Pfad um meiner Feinde willen!
12 Gib mich nicht preis der Gier meiner Bedränger,
denn falsche Zeugen stehen gegen mich auf
und schnauben Verderben.
13 Wie, wenn ich nicht die Gewißheit hätte,
die Güte des Herrn zu schauen
im Land der Lebendigen?
14 Hoffe auf den Herrn!
Fest sei und stark dein Herz!
Und hoffe auf den Herrn!

Nein, in den alten Zeiten waren die Menschen keineswegs besser als heute, selbst nicht in Gottes Bundesvolk! Stets wieder von neuem wird in den Psalmen über Nachstellungen, Verfolgungen durch böse, gierige, schadenfreudige, verleumderische Mitmenschen geklagt. Oft scheint es, als hätten auch damals jene die Macht und das Sagen gehabt, die darauf aus sind, anderen, vor allem sozial Schwächeren, das Leben schwer oder unmöglich zu machen. Rücksichtslose Ellbogengesellschaft also lange schon vor dem Kapitalismus? Mit seinem Satz »Die Hölle, das sind die andern« scheint Jean-Paul Sartre jedenfalls eine immer schon vorhandene Realität formuliert zu haben.

Von Feindschaft umgeben, umstellt, bleibt für den Bedrängten allein Gott, Zuflucht und Rechtswahrer der Wehrlosen, der Armen, »mein Licht und mein Heil«, »meines Lebens Schutzburg« (1). So will denn der Verfolgte nach Jerusalem in den Tempel (4) hinauf, den er ebenso liebevoll wie überlieferungsbewußt »Hütte«, »Zelt« Jahwes nennt (5). Dort, an der Stätte der Zuwendung und Freundlichkeit Gottes (4), will er seinen Fall durch ein Heilsorakel entscheiden lassen, das, so hofft er, seine Feinde und deren falsche Zeugen (12) ins Straucheln und Stürzen bringen (2), ihm selber jedoch Recht und Genugtuung schaffen wird (6).

Der zweite Teil des Psalms, von Vers 7 an, setzt voraus, daß der Bedrängte seinen Vorsatz wahrgemacht hat und jetzt im Tempel ist, vermutlich zusammen mit seinen Feinden. Bei oder nach der vorgeschriebenen Opferdarbringung (6) fleht er Jahwe um Beistand und um den endgültig entscheidenden Heilsspruch an, damit er »die Güte des Herrn schauen« und in der menschlichen Gemeinschaft wieder »lebendig« werden darf (13), denn von dieser Gemeinschaft verstoßen und gemieden zu werden hieße, bei Lebzeiten tot zu sein.

Vorstellbar wäre, daß Vers 14 einen ersten Zuspruch enthält, der den Beter ermutigt und ihm einen für ihn günstigen Rechtsspruch in Aussicht gestellt hat.

Der Psalm insgesamt dürfte ein Text und ein Lied geworden sein, das Bedrängte und Bedrückte liturgisch ermunterte, ihre Sache vor Gott zu bringen. Mächtige und Reiche wissen sich selber zu helfen. Darum gilt Gottes Hilfe in heiliger Einseitigkeit den Armen und Verfolgten.

Psalm 28

1 Von David.
Zu dir rufe ich, Herr, mein Fels.
Wende dich nicht schweigend von mir ab,
denn bleibst du stumm, so gleiche ich
denen, die in die Grube gesunken!
2 Höre mein lautes Flehen,
wenn ich schreie zu dir,
wenn ich meine Hände erhebe
zu deiner allerheiligsten Zelle!
3 Raffe mich nicht mit den Frevlern dahin
und mit den Übeltätern,
die freundlich reden mit ihren Nachbarn,
aber Böses hegen im Herzen.
4 Gib ihnen nach ihrem Tun,
nach der Bosheit ihrer Taten!
Nach dem Werk ihrer Hände gib ihnen,
laß ihr Werk sich gegen sie kehren!
5 Denn sie achten nicht auf das Tun des Herrn
und auf das Werk seiner Hände.
Darum wird er sie niederreißen
und nicht mehr wieder erbauen.
6 Gepriesen sei der Herr,
denn er hat mein lautes Flehen erhört!
7 Der Herr ist meine Macht und mein Schild,
auf ihn vertraut mein Herz.
Mir ist geholfen worden, mein Herz frohlockt,
ich will ihm danken mit meinem Gesang.
8 Der Herr ist die Macht seines Volkes,
ist Schutz und Heil seines Gesalbten.
9 Befreie dein Volk und segne dein Eigentum,
weide sie, trage sie in Ewigkeit!

I

Der Tempel in Jerusalem machte zu seiner Zeit öffentlich, was die heutige Öffentlichkeit meistens verdrängt und als »Fälle« ins Abseits spezieller Gerichte, Kliniken, Verwahrungsstätten verweist. Zugespitzt könnte man sagen: Der Tempel war eine Institution, die der gesellschaftlichen Verdrängung entgegenwirkte, indem sie verborgenes Leiden und vorhandenes Unrecht ans Licht brachte. Wer in den Tempel kam, setzte sich dem Anblick Armer und Elender, den Klagen, den Erzählungen Leidender oder um ihre Rechte Kämpfender aus. So festlich es auch immer wieder zuging, hier begegnete man keiner Gemeinde mit Sonntagsmasken vor dem Alltagsgesicht, fand man keine »Ruhe« vor dem Jammer unglücklicher und elender Mitmenschen. Wenn, wie in diesem Psalm, ein Bedrängter, sogar vom Tode – durch Krankheit? Durch Feinde (vgl. Psalm 11,2)? – Bedrohter (1) Gott um Hilfe anruft, so ist anzunehmen, daß sein »lautes Flehen«, sein »Schreien« (2) tatsächlich laut und tatsächlich ein Schreien gewesen ist. Der Tempelbezirk war kein Ort der Stille, es muß im Gegenteil recht lebhaft, recht laut zugegangen sein. In schärfstem Kontrast hierzu herrschte zuinnerst, zuhinterst im Tempel, in der »Cella« des Allerheiligsten, wo Jahwes Herrlichkeit, wo sein Name je und je über der heiligen Lade Wohnung nahm, absolute Stille und tiefe Dunkelheit. Akustisch wurde der gesamte Tempelbereich also bestimmt von der Polarität zwischen lautem Reden, Schreien, Treiben in den Vorhöfen und der vollkommenen Stille in der Gottes-Zelle. Ihr hebt der Beter des Psalms, laut flehend und schreiend, seine Hände entgegen (2). Aus der Stille des Allerheiligsten erwartet er die Erhörung (6), d. h. die Antwort Jahwes durch ein Heils- und Rettungswort, übermittelt durch einen Priester.

Signalisierte die Gottesstille im Allerheiligsten vielleicht auch, daß Jahwe nicht allein als Gott des offenbarenden Wortes verstanden sein wollte, sondern ebenso als hörender, zuhörender Gott, der sich geduldig den Alltagsklagen seines Volkes stellte und ihm so erst recht nahe blieb?

2

Die Verse 6–9 zeigen an, daß das erflehte Heilswort nunmehr ergangen ist: Der Beter bricht in Jubel aus, dankend und singend, laut also ebenfalls! In den Tempelvorhöfen hat sich unter freiem Himmel das laute Flehen, Klagen der einen mit dem ebenso lauten Danken und Frohlocken anderer vermischt – ein oft wohl recht dissonantes Neben- und Miteinander von Klagen und Dankesjubel vor der heiligen Stille und Nähe Jahwes. Weder Flehen noch Danken, weder Bitten noch Lobpreis sind »verschluckt«, in die Innerlichkeit abgedrängt worden.

3

Der Dank des Beters gilt keinem Individual- oder Privatgott, er gilt dem Bundesgott ganz Israels (8). Die Nennung auch des Königs, des »Gesalbten«, kann im Tempelbereich nicht erstaunen, waren Tempel und Tempelpersonal doch Eigentum des Königs. Ihm gebührte ebenfalls Dank und Fürbitte (Psalm 20,7 / 10). Indem er für den Tempel und alle seine Belange aufkam, bezeugte der König seinerseits, daß er sich von Jahwes »Schutz und Heil« abhängig wußte. Die Macht war somit weder beim Volk noch bei dessen König, sie war bei Jahwe! Auch unter der Monarchie blieben theokratische Vorstellungen lebendig. Von den Propheten sind sie stets von neuem wieder geweckt worden und haben die Epochen israelitischer und judäischer Könige überlebt. Sowohl jüdische wie christliche, in gewissem Sinn auch die islamische Zukunftshoffnung, haben theokratischen Charakter. Biblisches Kennzeichen der Theokratie ist das Zusammengehen, Zusammenspannen des Höchsten mit den Niedrigsten, exemplarisch besiegelt im Sinai-Bund Jahwes mit den Sklaven in Ägypten, symbolisch bezeugt auch vom Tempel, wo die Elenden und Armen Zuflucht, Asyl und Rechtshilfe bei Gott fanden. Da der Tempel königliches Eigentum war, lebte oft die Hoffnung auf, wie Jahwe werde auch der König solidarisch werden mit der Sache der Armen (Psalm 18,28). Schließlich jedoch, wohl als Folge geschichtlicher Enttäuschungen, entwickelte die theokratische Hoffnung klar antiautoritäre, klar antihierarchische, somit auch antiklerikale Züge – Theokratie bedeutet also nicht immer Priester- oder Kirchenherrschaft! Für Jesus sind die Exponenten der kommenden Theokratie nicht Könige, nicht Geistliche oder andere Machtträger, sondern Arme, Machtlose, Entrechtete, Gewaltlose, um der Gerechtigkeit willen Verfolgte (Matthäus 5,3–11). Für Historiker oder Politologen mag die Vision einer Gottesherrschaft, in der sich die Macht des Höchsten in den vitalen Rechten und Bedürfnissen der Niedrigsten, der Geringsten, verwirklicht, eine Utopie sein. Aber: »Wir wissen – und das ist ganz besonders die Erfahrung des Judentums –, daß die biblische Botschaft nicht bloß im Sinne äußerer Triumphe sich ausbreitet, sondern auch durch ihre Niederlagen.« (Hermann Levi Goldschmidt)

4

»Befreie dein Volk und segne dein Eigentum...!« (9) Segen bedeutet konkret z. B. »sich nicht umsonst mühen müssen und nicht Kinder zeugen für frühen Tod« (Jesaja 65,23). Befreiung meint Befreiung von Feindbedrohung und Fremdherrschaft, aber auch: Häuser bauen und sie selber bewohnen, Weinberge pflanzen und ihre Früchte selber essen dürfen – »sie werden nicht bauen, daß ein anderer bewohne, werden nicht pflanzen, daß ein anderer genieße« (Jesaja 65,22). Die Bitte um Befreiung und Segnung des Volkes geht hier, wie auch sonst in der hebräischen Bibel, auf konkrete, irdische Heilsgüter, auf die Erfüllung grundlegender Menschen- und Lebensrechte.

Psalm 29

1 Ein Psalm Davids.
Zollt dem Herrn, ihr himmlischen Mächte,
zollt dem Herrn Ehre und Macht!
2 Zollt dem Herrn seines Namens Ehre,
fallt nieder vor dem Herrn bei seiner heiligen Erscheinung!
3 Des Herrn Stimme über den Wassern!
Es donnert der Gott der Herrlichkeit,
der Herr über gewaltigen Wassern!
4 Des Herrn Stimme erschallt mit Macht,
des Herrn Stimme mit Majestät!
5 Des Herrn Stimme bricht Zedern entzwei,
zerschmettert hat der Herr die Zedern des Libanon.
6 Er läßt den Libanon hüpfen wie ein Kälblein,
den Sirjon wie einen jungen Wildochsen.
7 Des Herrn Stimme sprüht Feuerflammen!
8 Des Herrn Stimme läßt die Wüste erbeben,
erbeben läßt der Herr die Wüste von Kadesch!
9 Des Herrn Stimme bringt Hindinnen in Wehen,
läßt kreißen die Zicklein,
und in seinem Palast ruft alles: Herrlichkeit!
10 Der Herr thront ob der Flut,
es thront der Herr als König in Ewigkeit.
11 Der Herr gebe seinem Volke Kraft!
Der Herr segne sein Volk mit Frieden.

I

Mit seinen Aufrufen, Ausrufen ein Psalm voll archaischer Wucht! Er evoziert Bilder von Erdbeben und Gewittern (sind es jedoch »nur« Gewitter?), in denen vom Libanon bis zur Kadesch-Wüste – im weitflächigen Gebiet also des bisherigen Geschichtshandelns Jahwes – Gottes Donnerstimme, Gottes Feuerruf laut wird (3–8).

Zu allen Zeiten, in allen Naturreligionen sind Gewitter, Donner, Blitze als Manifestationen göttlicher Urgewalt, göttlicher Leidenschaft (zeugend oder zornig) erlebt worden. Kein Wunder, daß man in Israel ebenfalls glaubte, aus Gewitterstürmen Jahwes Stimme vernehmen zu können (Psalm 18,14; Hiob 37,4; Jeremia 25,30), in niederzuckenden Blitzfolgen »mit Sturm und Wetterguß und Hagelstein« (Jeaja 30,30) seinem furchtbaren Zorn ausgesetzt zu sein. Gewiß: Jahwe ist kein Gewittergott, er ist »über« (3 / 10) den Fluten, den Unwettern und dennoch alles andere als »ein Spiritualist im Himmel« (Kornelis Heiko Miskotte)! In seinem Herniederfahren umkleidet er sich mit Gewittern, bringt die Erde zum Beben, läßt den Libanon »hüpfen wie ein Kälblein, den Sirjon wie einen jungen Wildochsen« (6). Erneut sei hier die Möglichkeit in Erinnerung gerufen, daß, was die Auslegung zumeist als Gewitter deutet (ohne freilich auf die Erdbeben einzugehen!), eine Kette von atmosphärischen und geologischen Veränderungen gewesen sein könnte, wie Immanuel Velikovsky sie für die Zeit des Auszugs aus Ägypten und ebenso für die Wende vom 8. zum 7. vorchristlichen Jahrhundert glaubte nachweisen zu können (siehe zu Psalm 18). Jene Klimaumwälzungen, Kontinentalbeben, Vulkanausbrüche, Feuerstürme könnten in der Erinnerung der betroffenen Völker sehr wohl traumatische Spuren hinterlassen haben. Vielleicht ist die Gotteserscheinung auf dem Sinai (»anzusehen wie ein verzehrendes Feuer«, 2. Mose 24,17) damit in Zusammenhang zu bringen. Vielleicht enthalten auch die Bilder dieses Psalms, den Bildern babylonischer und kanaanäischer Hymnen nachgebildet, kollektive Erinnerungen an jene Umbrüche, die das Antlitz der Erde veränderten. Ob so, ob anders, eingeprägt blieb die Erkenntnis, daß nichts selbstverständlich, nichts für immer gesichert ist. Das Leben auf der Erde ist restlos abhängig von höheren Gewalten und insofern – ein Wunder, ein kosmischer Glücksfall!

Im Niederstürzen der Wasser und Blitze aber, im Erbeben der Berge und Wüsten, in elementarer Gefährdung und Erschütterung also, erneuert sich unterm gewaltigen Donnern Gottes (3) das Wunder kreatürlichen Lebens: Hindinnen kommen in die Wehen, Zicklein beginnen zu kreißen (9), die Wetterschrecken lösen Geburten aus, so daß in Jahwes Himmel (»in seinem Palast«) erst recht alles in den Jubelruf ausbricht: »Herrlichkeit!« (9) Oder: Ehre! Oder: Lichtglanz! Oder wie immer man das hebräische »kabod« wiedergeben will resp. kann. Staunen jedenfalls und Lobpreisung Jahwes im Himmel! Und auf der Erde! Dreimal täglich beten fromme Juden: »Wir danken dir... für deine Wunder, die täglich um uns sind, für deine unaufhörlichen Wunder.« Der Glaube verwandelt den Homo sapiens in einen »Homo admirans«, in einen Be-Wunderer des Wunders, daß rundherum und in uns selbst vielfältiges Leben sich regt.« Das Gewöhnliche selbst ist ja schon ein Wunder«, schrieb Franz Kafka.

Freilich: Im Psalm treten keine Menschen in Erscheinung. Die Szene wird beherrscht vom »Gott der Herrlichkeit« (3), von den »himmlischen Mächten« (1) oder Gott-Wesen sowie den gebärenden Muttertieren (9). Die lebensgestaltenden Urkräfte walten ohne den Menschen, den Spätling der Schöpfung, der als Kollektiv »Volk« erst in der abschließenden Fürbitte vorkommt (11).

2

Psalm 29 ist einer der ältesten Psalmen in der hebräischen Bibel. Er geht, vermuten Gelehrte, auf einen kanaanäischen Hymnus an Baal zurück. Doch wurde die Anrufung Baals nicht kurzweg durch eine Anrufung Jahwes ersetzt! Vielmehr wird der kanaanäische Gott – gemeinsam mit anderen Gottheiten – Jahwe *unterstellt*, wird eingegliedert in den Kreis der Gott-Wesen oder »himmlischen Mächte« (1). Wie Jahwe als König über den Himmelsozean, der »Flut« (10) thront, so auch über Baal und anderen Naturgottheiten, die ihre Eigen-Macht, die sie im kanaanäischen Kult hatten, jedoch abtreten mußten. Nur einer ist König, nur einer ist Gott: Jahwe! Ihm huldigen, ihm dienen auch die anderen Götter (1).

In dieser Vorstellung spiegelt sich ein historischer Vorgang, nämlich die teilweise Aneignung des Baalskultes durch die inmitten der Kanaanäer seßhaft gewordenen Israeliten. Die meisten Feste Israels dürften ursprünglich Feste der Kanaanäer gewesen sein. Teils blieb ihre naturbezogene Bedeutung auch nach der Übernahme durch Israel erhalten, teils wurde sie ersetzt durch geschichtsbezogene Inhalte.

Bemerkenswert jedenfalls: Baal, Herr des Bodens und Naturgottheit, wird nicht negiert, sondern integriert, nicht geleugnet, sondern einem Pantheon eingefügt, dessen Spitzengottheit Jahwe ist. Dieser Versuch, die seit jeher einheimisch gewesenen Naturgottheiten integrativ für Jahwe zu vereinnahmen, setzte den Jahwekult allerdings der Gefahr einer schleichenden Kanaanisierung oder Baalisierung aus! Ihr sollte unter anderem die Zentralisierung des Jahwekults im Tempel in Jerusalem entgegenwirken. Hier hatte man die Gebräuche und rituellen Entwicklungen besser unter Kontrolle als in den übers Land verstreuten Heiligtümern.

3

Auch dieser Hymnus ist Bestandteil des »Tempelgesangbuches«, ist im Tempel gesungen worden, vielleicht anläßlich bestimmter Feste, vielleicht je und je in lobpreisender Anbetung und ohne an eine Festliturgie eingebunden gewesen zu sein. Jahwes Herrlichkeit, die im Tempel über der Lade erscheint, wird vom Psalm ausgerufen als die Herrlichkeit des

Schöpfers, des Richters und Erhalters der Welt insgesamt, aber auch als die Herrlichkeit eines Gottes, dem alle anderen Gottheiten huldigen und dienen.

Psalm 30

1 Ein Psalm. Ein Lied zur Einweihung des Tempels. Von David.
2 Ich will dich erheben, Herr, denn du zogst mich empor
und ließest meine Feinde nicht frohlocken wider mich.
3 Herr, mein Gott, ich stöhnte zu dir,
du hast mich geheilt.
4 Herr, du holtest meine Seele aus der Unterwelt,
riefst mich zurück ins Leben
aus der Schar derer, die in die Grube sanken.
5 Singet dem Herrn, ihr seine Getreuen,
lobpreiset zu seinem heiligen Gedenken!
6 Ja, nur kurz ist sein Zorn, lebenslang seine Huld,
am Abend ist Weinen, doch am Morgen – Jubel!
7 Ich sprach einst in sicherer Zufriedenheit:
»Nie werde ich wanken!«
8 Durch deine Huld ward ich auf feste Berge gestellt.
Du verbargst dein Antlitz, da wurde ich aufgeschreckt.
9 Zu dir, Herr, schrie ich,
ich flehte zu meinem Herrn:
10 »Was nützt dir mein Blut, wenn ich zur Grube fahre?
Kann Staub dich preisen, deine Treue verkünden?
11 Höre mich, Herr, und erbarme dich,
Herr, sei mein Helfer!«
12 Verwandelt hast du meine Klage in Reigentanz,
hast gelöst mein Sackgewand, mich mit Freude umgürtet,
13 damit mein Herz dir singe und nicht schweige.
Herr, mein Gott, in Ewigkeit will ich dich preisen.

1

Ein Mann, durch schwere Krankheit an den Rand des Grabes gebracht (4), dankt für seine Wiedergenesung. In Not und Angst hat er Jahwe vorgehalten: »Kann Staub dich preisen, deine Treue verkünden?« (10) Nein, das kann der Staub nicht, in den uns der Tod zurückverwandelt (Prediger 3,20). In der »Unterwelt« (4) lobt man Jahwe nicht mehr (Psalm 6,6; 88, 11f.; 115,17). Eine schroffe Aussage für Menschen, deren religiöses Interesse vornehmlich auf ihr persönliches Weiterleben nach dem Tode gerichtet ist! Doch was wissen wir schon vom »Nachher«? Die hebräische Bibel ist in diesem Punkt radikal ehrlich. Was hernach kommt, ist für sie vom Leben durch ein »Nicht« geschieden. Die »Unterwelt«, hebräisch »Scheol« (4), bedeutet soviel wie Nicht-Land, Nicht-Welt, ist vom aktiven Leben her nur als Verlust der Handlungsfähigkeit, des Subjekt-Seins, wahrnehmbar, als passive Schattenexistenz. Auch was dem Leben Sinn gibt, die Preisung Gottes, steht unter diesem »Nicht« oder »Nicht mehr«. Wir sind dazu bestimmt, im *jetzigen* Leben Antwort zu sein, Antwort zu geben auf Gottes Handeln. Diese Bestimmung kann nicht aufgeschoben werden. Darum wird später auch der johanneische Christus sagen: »Wir müssen die Werke dessen, der mich gesandt hat, wirken, solange es Tag ist; es kommt die Nacht, da niemand wirken kann« (Johannes 9,4). Das ist zutiefst jüdisch gedacht.

2

Aus dem individuellen Dankpsalm ist ein Gemeindelied »zur Einweihung des Tempels« (1) geworden. Die Sinnumdeutung muß nachträglich, in relativ später Zeit, erfolgt sein. Die liturgische Zuordnung dürfte sich auf das Fest der Tempelwiederherstellung beziehen, im Johannes-Evangelium 10,22 als »Fest der Tempelweihe« erwähnt.

Israel feierte den Wiederaufbau des Tempels (520–516 vor

Christus) als Errettung aus der Todessphäre. Schlug im Tempel nicht das Herz des Jahwekults? War Tempellosigkeit nicht fast schon Leblosigkeit nahe der Schatten- oder Unterwelt – zur Freude der Feinde Jahwes und Israels (2)? Dann aber, mit dem Neubau des Tempels, hat Gott sein darniederliegendes Volk geheilt (3), ins Leben zurückgerufen (4), auf »feste Berge gestellt (8), was man, den Psalm nunmehr als Festlied lesend und singend, auf den Berg des Tempels bezogen haben mag.

Doch 70 nach Christus ist auch der zweite Tempel zerstört und seither nicht wieder aufgebaut worden. Lange Zeit noch lebte die Sehnsucht nach dem verlorenen Heiligtum und damit auch die Hoffnung auf seine Wiederherstellung in der Zerstreuung weiter. In bewegender Weise hat der jüdisch-spanische Dichter Jehuda Halevi (ca. 1083–ca. 1142) dieser Sehnsucht in seinen »Zionsliedern« Ausdruck verliehen (durch die z. B. Heinrich Heine zu seinen »Hebräischen Melodien« angeregt wurde). Jehuda Halevi selbst ist 1141 von Granada aus ins Heilige Land aufgebrochen. Ihm hätte es genügt, den Fuß auf den Boden setzen zu dürfen, wo sich vormals der Tempel befand:

»Barfuß und bloß durch die Trümmerwüsten wandern, die einst
Dein Tempel waren – wo gäb's gleich köstlich Behagen.
Dort, wo gewohnt Deine Cherubim im innersten Raum,
Dort, wo geruht, der entschwand, des Heiligtums Schragen.«

(»An Zion«, übersetzt von Franz Rosenzweig)

Ging Halevis Wunsch in Erfüllung? Wir wissen es nicht. Der Dichter ist auf seiner Pilgerreise gestorben oder vielleicht erschlagen worden.

Anders als Psalm 30 es ahnen konnte, hat sich das Wunder der Errettung Israels aus Todesnöten auch ohne Wiederherstellung des Tempels ereignet. In Bewahrheitung von Ezechiel 11,16 führten weder Tempellosigkeit noch Exil zum

Identitäts- und Lebensverlust Israels. Als Platzhalterin des Tempels konnte sich die Synagoge behaupten, der »Kleintempel«, wie eine talmudische Ausdeutung der erwähnten Ezechielstelle besagt: »Ich (=Jahwe) gab ihnen Lehrhäuser, die verschieden sind von meinem Heiligtum.« Die Synagoge wurde nun ebenfalls als Gabe Jahwes verstanden. Im Mittelpunkt der synagogalen Gottesdienste standen nicht mehr Opferdarbringungen, sondern Lesung und Deutung der Thora, der heiligen Schrift. Dadurch hat sich das jüdische Gottesdienstverständnis grundlegend gewandelt, so daß heute niemand mehr im Ernst an eine Wiedereinführung des alten Opferkults denkt. An die Stelle von Opferaltar und Jahwe-Erscheinungen über der Lade (»des Heiligtums Schragen«, Jehuda Halevi) trat die heilige Schrift, und »es weiß der gläubige Jude, der einen heiligen Text liest, daß Gott wartet« (Edmond Jabès). Außerdem ist die Sehnsucht nach dem heiligen Tempel gleichsam aufgegangen in der Sehnsucht nach dem heiligen Land.

Nachdem der individuelle Dankpsalm 30 zunächst umfunktioniert worden ist zu einem kollektiven Dank- und Erinnerungslied anläßlich der Tempelweihfeste, muß er nun also noch einmal anders gelesen werden: entweder als Preisung dessen, der gemäß seinem Namen (»Ich werde dasein, als der ich je und je dann dasein werde«, 2. Mose 3,14) sein Volk auf nie vorhersehbare Weise errettet und neu zum Leben erweckt – oder dann wieder im ursprünglichen Sinne als Dankgebet eines von tödlicher Krankheit Genesenen.

Psalm 31

1 Dem Chorleiter. Ein Psalm Davids.
2 Bei dir, Herr, berge ich mich,
laß mich nie mehr zuschanden werden!
Errette mich in deiner Gerechtigkeit!
3 Neige dein Ohr zu mir,
eilends errette mich!
Sei mir ein schützender Fels,
eine feste Burg, mir zu helfen!
4 Ja, mein Fels und meine Burg bist du.
Um deines Namens willen wirst du mich leiten,
wirst du mich führen,
5 wirst du mich aus dem Netz befreien,
das sie mir heimlich legten,
denn du bist meine Zuflucht.
6 In deine Hand befehle ich meinen Geist,
du erlösest mich, Herr, treuer Gott!
7 Du hassest, die sich halten an Wahngebilde.
Ich aber vertraue auf den Herrn.
8 Jubeln werde ich und mich freuen an deiner Huld,
daß du mein Elend ansahst,
die Bedrängnisse meiner Seele erkanntest
9 und mich nicht in die Hand des Feindes gegeben,
sondern meine Füße auf weites Feld gestellt hast.
10 Sei mir gnädig, Herr, denn mir ist angst.
Stumpf ward mein Auge vor Gram.
11 Ja, in Kummer verzehrt sich mein Leben,
in Seufzen (verrinnen) meine Jahre.
Im Elend ermattet ist meine Kraft,
und meine Gebeine zerfallen.
12 All meinen Bedrängern ward ich zum Hohn
und meinen Nachbarn zum Spott,
ein Schrecken für meine Bekannten.
Die mich auf der Straße sehen, entfliehen vor mir.

13 Vergessen bin ich, abgeschrieben wie ein Toter,
bin wie ein zerbrochenes Gefäß.
14 Ja, ich höre das Flüstern vieler – Grauen ringsum! –,
wie sie miteinander gegen mich tuscheln,
darauf sinnen, mir das Leben zu nehmen.
15 Ich aber, Herr, ich vertraue auf dich.
Ich spreche: du bist mein Gott.
16 In deiner Hand ist meine Zukunft,
rette mich aus der Hand meiner Feinde und Verfolger!
17 Laß leuchten dein Antlitz über deinem Knecht,
hilf mir in deiner Huld!
18 Herr, laß mich nicht zuschanden werden,
denn ich rufe dich an.
Zuschanden gehen mögen die Frevler
und, zum Schweigen gebracht, zur Unterwelt fahren.
19 Es mögen verstummen die Lügenlippen,
die in Hochmut Freches reden gegen den Bewährten!
20 Wie reich ist, Herr, deine Güte,
die du denen zugedacht hast, die dich fürchten, und
denen bereitet, die vor den Menschen sich bergen bei dir!
21 Du birgst sie im Schutz deines Antlitzes
vor den Verleumdungen der Leute.
Du birgst sie in einer Hütte
vor dem Gezänk der Zungen.
22 Gepriesen sei der Herr,
denn wunderbar hat er mir Gnade erwiesen
in der Zeit der Drangsal.
23 Ich freilich dachte in meiner Bestürzung:
Verstoßen bin ich aus deinen Augen!
Du aber hörtest mein lautes Flehen,
als ich zu dir schrie.
24 Liebet den Herrn all ihr Getreuen!
Der Herr schützt die Treuen,
doch mit vollem Maß vergilt er dem,
der hochmütig handelt.
25 Seid stark und getrosten Herzens alle,
die ihr harrt auf den Herrn!

1

Und immer wieder diese schonungslose Realistik der Psalmen! In seiner Poesie macht Israel sich selbst, macht es seine Menschen nicht besser, als sie sind. Da wird frech (19) geflüstert, getuschelt (14), gelogen (19), sogar nach dem Leben getrachtet (14). Einer des andern Feind und Verfolger! Der Verleumdete (21), in die Enge Getriebene (vgl. 9) wagt sich kaum mehr auf die Straße, da Bekannte bei seinem Auftauchen sich abwenden, die Flucht ergreifen (12). Schutzburg (4), Zuflucht (5) bleibt in solcher Bedrängnis und Gemiedenheit allein Jahwe, dessen Antlitz (21) der Bedrohte im Tempel sucht (vgl. Psalm 27,8–9). Das »Antlitz«, d.h. Jahwes Zuwendung, wurde konkret erfahren a) bereits im Asylschutz, den der Tempel gewährte, alsdann b) im autoritativen Jahwe-Wort, das den zu Unrecht Beschuldigten rechtsgültig rehabilitierte (Vers 22 zeigt an, daß dies geschehen ist), worauf er c) wieder als »Zaddik« (Bewährter) und damit als voll kultfähig galt (vgl. Psalm 5). Hatten Unrecht und Erleidnisse Jahwe zuvor verdunkelt, die Teilnahme am Kult in Frage gestellt, so leuchtet Gott jetzt wiederum auf in seiner ungetrübten Gegenwart »über den Lobgesängen Israels« (Psalm 22,4). Die Rede von Jahwes »Antlitz« ist, versteht sich, eine bildliche Rede, ein Anthropomorphismus sogar. Doch weist der offenkundige Anthropomorphismus auf einen bedeutsamen Sachverhalt hin: »Alle Gesichter sind das Seine; deswegen hat ER kein Gesicht.« (Edmond Jabès). Diese Einsicht setzt jedoch eine geklärte Lebenssituation, vorab ein geklärtes Verhältnis zu den Mitmenschen voraus. Eben dieses suchte und fand der Beter des Psalms im Tempel.

2

Doch was sollen uns diese ständigen Klagen unschuldig Verfolgter! Mögen mitteleuropäische Psalmleser schon bald einmal seufzen. Wird da nicht eine Extrem- und Ausnahmesituation endlos repetiert? Ach, wär's doch eine Ausnahmesituation! Aber die anschwellende Zahl von Verfolgten und Flüchtlingen in der Welt spricht eine andere Sprache – eine diesen Klagepsalmen verwandte! Der alltägliche Terror gegenseitiger Lebensverhinderung spielt sich weithin nicht in den dezenteren Formen unserer privilegierten Gesellschaften ab. Und sehr lange ist's noch nicht her, daß auch mitten in Europa Unschuldige, Juden wie Nicht-Juden, erbarmungslos verfolgt, gejagt, gemordet worden sind, ohne daß ihnen ein Tempel oder eine Kirche zum schützenden Fels, zur festen Burg geworden wäre, obgleich der Choral »Ein feste Burg ist unser Gott« dort aus voller Brust gesungen wurde...

3

Offen bleibt allemal die Frage: Was geschah denn mit Frauen, die zu Unrecht beschuldigt und bedrängt worden sind? Welche Möglichkeiten hatten sie? Hatten sie überhaupt Möglichkeiten? Und was war mit den Frauen der beschuldigten und verfolgten Männer? Welchen Schikanen und Nöten waren *sie* ausgesetzt? Fast scheint es, als wäre Israel ein frauenloses Volk und Jahwe ein Gott nicht für Frauen gewesen! Auf dem Boden so radikal-patriarchaler Überlieferungen bedeutete die große Rolle, welche Frauen in der Jesus-Gruppe sowie in den ersten Gemeinden spielten, tatsächlich eine Umwertung der traditionellen Werte.

Psalm 32

1 Von David. Ein ›maskil‹.
Glücklich, wem Gottlosigkeit vergeben,
Verfehlung zugehüllt wurde!
2 Glücklich der Mann, dem der Herr
Verkehrtheit nicht zurechnet,
in dessen Herz keine Falschheit ist!
3 Als ich's verschwieg, zerfielen meine Gebeine
ob meines täglichen Stöhnens.
4 Denn Tag und Nacht lastete schwer
deine Hand auf mir.
Mein Lebenssaft verdorrte
wie unter Sommergluten. Sela.
5 Da bekannte ich dir meine Verfehlung,
verhehlte meine Schuld nicht (länger).
Ich sprach: »Eingestehen will ich
dem Herrn meine Übertretung.«
Da hast du vergeben
die Schuld meiner Verfehlung. Sela.
6 Darum soll jeder Fromme zu dir beten
zur Zeit, da er (dich) findet.
7 Du bist mir Schutz,
bewahrst mich vor Drangsal.
Mit rettenden Schilden umgibst du mich. Sela.
8 »Ich will dir eingeben und zeigen den Weg,
den du gehen sollst, will dir raten
– über dir ist mein Auge!
9 Sei nicht wie Roß und Maultier ohne Verstand,
mit Zaum und Zügel muß man ihr Ungestüm bändigen.
Nicht soll man dir nahen!«
10 Viele Schmerzen hat der Gottlose,
wer aber dem Herrn vertraut,
den umgibt er mit Huld.
11 Freut euch am Herrn und jauchzt, ihr Bewährten,
frohlockt alle, die ihr aufrichtigen Herzens seid!

In welchen Handlungen »Gottlosigkeit«, »Verfehlung« (1), »Verkehrtheit« (2) sich geäußert haben, erfahren wir nicht. Dem Psalm, erstmals vielleicht vorgetragen vor Zuhörern im Tempel, liegt wenig an Sünden-Exhibitionismus. Mehr als die fehlbaren Handlungen beschäftigt den Beter deren nachherige Verschweigung, die tiefere Widersetzlichkeit verriet: »Sie bestand nach V. 3 entscheidend darin, daß er ›es‹, nämlich seine Übertretung, Sünde und Schuld, *verschweigen*, offenbar nicht wahrhaben, Gott und den Menschen und sich selbst nicht eingestehen, in selbstgewissem Ungestüm darüber hinwegleben wollte. Merkwürdig: In diesem Verschweigen erkennt der gerechtfertigte und als Gerechter vor Gott getrost und freudig lebende Sünder das *eigentlich* Sündige seiner Vergangenheit. Und eben dieses Verschweigen als den Todeskeim seiner Existenz in dieser Vergangenheit!« (Karl Barth)

Nicht die Verfehlung also, vielmehr deren Verschweigung hat den Beter körperlich krank gemacht, bis sein Lebenssaft, sein Lebensantrieb verdorrte, erlosch (3–4). Dieses Verschweigen verweigerte, unterbrach den lebensspendenden Dialog mit Gott, brachte den Schweigenden in die Nähe jener Sphäre, wo das Leben verstummt im Schatten des Todes, wo Verdrängung schließlich alle Vitalität zerfrißt.

»Darum soll jeder Fromme zu dir beten zur Zeit, da er (dich) findet« (6), was möglicherweise besagt: noch rechtzeitig! Bevor der seelische und leibliche Schaden irreparabel geworden ist. Denn wer seine Übertretung eingesteht, darf auf Gottes frei und wieder gesund machende Vergebung zählen (5). Offensichtlich hat der Beter sein Schuldbekenntnis im Tempel abgelegt, verbunden wohl mit einem Sündopfer und Reinigungsriten. Die Verse 8–9 zitieren – wenn auch kaum im originalen Wortlaut, sondern gespiegelt in der Sprache des Psalmisten – den befreienden, aufrichtenden Gottesspruch, den der Bekennende empfangen hat. Fortan wird ihm Jahwe den heilsamen Weg eingeben und zeigen (8). Aus der Ermahnung, nicht mehr unverständig wie »Roß und Maultier« (9) zu sein, läßt sich erraten, daß die Verfehlungen etwas mit dem heftigen Temperament des Beters zu tun hatten.

Vorbei, vergeben jetzt aber! Freude und Lebensmut kehren zurück. Das Temperament soll nicht verleugnet, es soll auf »den Weg« (8) gebracht werden.

Psalm 33

1 Jauchzt, ihr Bewährten, dem Herrn!
Den Rechtschaffenen ziemt Lobpreisung.
2 Preiset den Herrn mit der Leier,
spielet ihm mit zehnsaitiger Harfe!
3 Singt ihm einen neuen Gesang,
schlagt gut die Saiten beim Posaunenschall!
4 Denn das Wort des Herrn ist wahrhaftig,
und all sein Tun ist voll Treue.
5 Er liebt Gerechtigkeit und Recht.
Voll ist die Erde von der Huld des Herrn.
6 Durch das Wort des Herrn sind die Himmel gemacht
und durch den Hauch seines Mundes all ihr Heer.
7 Wie im Schlauch faßt er die Wasser des Meeres,
legt die Urfluten in Speicher.
8 Es fürchtet sich die ganze Erde vor dem Herrn,
vor ihm erbeben alle Bewohner der Welt.
9 Denn er ist's, der sprach, und so geschah's,
er ist's, der gebot, und es stand da.
10 Der Herr zerbricht den Rat der Nationen,
vereitelt die Pläne der Völker.
11 Der Ratschluß des Herrn aber hat ewig Bestand,
seines Herzens Pläne (gelten) für und für.
12 Glücklich das Volk, dessen Gott der Herr ist,
die Nation, die er sich zu eigen erwählt hat!
13 Vom Himmel blickt der Herr herab,
er sieht alle Menschen.
14 Von der Stätte, da er thront, schaut er nieder
auf alle, die auf der Erde siedeln.
15 Er ist's, der aller Herzen gebildet,
der achthat auf all ihre Taten.
16 Nichts hilft dem König die Größe des Heeres,
nicht rettet den Helden die Fülle der Kraft.
17 Nichts nützen Rosse zum Sieg,

mit seiner großen Kraft errettet es nicht.
18 Doch das Auge des Herrn ruht auf denen, die ihn fürchten,
die da harren auf seine Huld,
19 daß er ihr Leben vom Tode errette
und in Hungersnot sie am Leben erhalte.
20 Unsere Seele wartet dem Herrn entgegen,
er ist uns Hilfe und Schild.
21 Ja, an ihm freut sich unser Herz,
den wir trauen seinem heiligen Namen.
22 Deine Huld, o Herr, sei über uns,
gleichwie wir deiner geharrt haben!

I

Kann von der Schöpfung überhaupt angemessen die Rede sein? Führt das Reden von ihr meist nicht zu einer trockenen Aufzählung von allerlei Fakten? Womit aber just das große Staunen, auf das es hier ankäme, gleich wieder zerredet wird. Nicht umsonst fordert deshalb der Psalmautor zu mehr auf als zum bloßen Reden, er ruft auf zum Singen, zum Musizieren (1–3). Um so bedauerlicher, daß wir keine Ahnung mehr davon haben, in welcher Art und Weise damals gesungen und musiziert worden ist, wie das etwa getönt haben könnte. Insofern fehlt uns gerade bei einem Psalm wie diesem eine ursprünglich entscheidende Dimension. Was überliefert blieb, ist ein Wort-Torso, sind Begriffe und Sätze, die eine Theologie der Schöpfung skizzieren. Doch ursprünglich war hier mehr als Rede, mehr als Theologie, es tönte, es klang, es jubelte und musizierte, bestimmte Rhythmen erzählten von den Rhythmen der Schöpfung, des Lebens. Theopoesie, Theohymnik also, für die der Text vielleicht nichts weiter war als ein Ausgangspunkt. Haben die Sänger sich genau an ihn gehalten? Haben sie ihn vielleicht, je nach Situation und Stimmung, variiert, haben – ebenfalls textlich – dazuimprovisiert? Wir wissen es nicht, unterstellen zumeist aber, Tempelchor wie Tempelbesucher hätten mehr oder weniger nach der Art abendländischer Kirchenchöre gesungen. Sicher ist jedoch, daß israelitisch-orientalisches Singen und Musizieren sich in einer sehr anderen Art vollzogen hat als in der christlich-abendländischen Musiktradition.

Dennoch will die Psalmaufforderung zum Singen, zum Musizieren nach wie vor ernstgenommen sein. Ohne Gesang, ohne Musik bleibt gerade ein Psalm wie dieser Stückwerk, bleibt ein Torso. Nur Gesang und Musik vermögen die staunende Freude über Gottes Schöpfungstaten hinlänglich zu artikulieren. Insofern wartet dieser Psalm auf »einen neuen Gesang« (3), auf neue Musik.

Vermutlich aber werden die Worte noch lange auf die neue Musik, den neuen Gesang warten müssen. Der Psalm verkündet ja nicht nur die Schöpfungs-, sondern zugleich auch die Geschichtstaten Gottes (5/10/12/15–19). Wie aber kann nach dem Holocaust von Gottes »Gerechtigkeit und Recht« (5) gesungen und gejubelt werden, als wäre nichts geschehen? Das finstere Rätsel läßt sich nicht hinwegmusizieren, die schreiende Dissonanz nicht mit Harmonien zudecken.

2

Jahwe, so die Botschaft des Psalms, ist Gott der Schöpfung und Gott der Geschichte in einem. Unmöglich also, der Geschichte zu entfliehen, um Gottes Gegenwart in der Schöpfung zu suchen, als wäre sie hier leichter zu finden als in der Geschichte und unter den Menschen. Ohnehin gibt es ja kaum noch Natur, die nicht durch menschliches Handeln verändert, d. h. durch Geschichte umgeformt worden wäre. Insofern leuchtet aus der Behauptung von der Identität von Schöpfergott und Geschichtsgott denn doch immer noch Hoffnung für eine Welt, in der die Geschichte der Schöpfung den Garaus zu machen, der geschehene Holocaust einen kommenden und noch umfassenderen zu präludieren droht. Mag Gottes Heilshandeln in der Schöpfung nicht weniger rätselhaft sein als sein Handeln in der Geschichte, die Hoffnung hält an der Gewißheit fest: »All sein Tun ist voll Treue« (4), er wird seine Schöpfung nicht vollends den zerstörerischen Plänen der Völker ausliefern (10). »Das Auge des Herrn ruht auf denen, die ihn fürchten, / die da harren auf seine Huld«. (18) Was heißt »ihn fürchten«? Wie immer, wenn in der hebräischen Bibel von der Furcht Gottes die Rede ist, dominiert dabei, was im Deutschen mit »Ehrfurcht« ausgedrückt wird. Oder wie es der französische Katholik Ernest Hello einst formuliert hat: »Die Ersetzung der Furcht (peur) durch die Ehrfurcht (crainte) öffnet ein Fenster auf die Anbetung.« Die ehrfürchtig anbeten, harren auf Gottes Huld. Im Hebräischen fehlt dem Wort »Huld« der Beigeschmack des Herablassenden, vielmehr signalisiert es, im Sinne der altdeutschen

»Holdschaft«, die enge Verbundenheit Gottes mit seinem Volk. Diese Verbundenheit ist jedoch nicht oder lange nicht immer erkennbar. Sie bleibt Gegenstand des Glaubens, der Erwartung oder eben des »Harrens«. Darum die Schlußbitte: »Deine Huld (= Verbundenheit), o Herr, sei über (oder: mit) uns,/gleichwie wir deiner geharrt haben!« (22) Glaube ist kein Besitz, er bleibt Erwartung und ist damit ausgespannt, ausgerichtet auf das, was aussteht, auf die Erfüllung der Schöpfung in der Geschichte und der Geschichte in der Schöpfung.

Psalm 34

1 Von David. Als er sich vor Abimelech wahnsinnig
stellte und dieser ihn vertrieb und er hinwegging.
2 Preisen will ich den Herrn allezeit,
sein Lob ist immerfort in meinem Mund.
3 Meine Seele rühmt sich des Herrn,
die Gebeugten hören's und freuen sich.
4 Erhöht den Herrn gemeinsam mit mir,
laßt uns zusammen seinen Namen erheben!
5 Ich suchte den Herrn auf,
da hat er mir geantwortet,
hat mich befreit von all meinen Ängsten.
6 Die aufblicken zu ihm, erstrahlen,
und ihr Antlitz braucht sich nicht zu schämen.
7 Hier ist ein Gebeugter, der rief,
und der Herr hat gehört,
hat ihn aus all seinen Bedrängnissen befreit.
8 Es lagert sich der Engel des Herrn
rings um die, die ihn fürchten, und errettet sie.
9 Schmecket und seht, wie gut der Herr ist!
Glücklich der Mann, der sich an ihm birgt!
10 Fürchtet den Herrn, die ihr geheiligt seid,
denn die ihn fürchten, erleiden keinen Mangel.
11 Junge Löwen darben und hungern,
die aber den Herrn suchen,
denen mangelt kein Gut!
12 Kommt, ihr Söhne, hört mir zu!
Die Furcht des Herrn will ich euch lehren!
13 Wer ist der Mann, der Lust hat am Leben,
und gern gute Tage sieht?
14 Bewahre deine Zunge vor dem Bösen,
deine Lippen vor falscher Rede!
15 Halte dich fern vom Bösen und tue Gutes,
trachte nach Frieden, jage ihm nach!

16 Die Augen des Herrn wenden sich den Bewährten zu
und seine Ohren ihrem Schreien.
17 Das Antlitz des Herrn richtet sich gegen die Frevler,
daß er die Erinnerung an sie tilge im Lande.
18 Sie (die Gebeugten) schreien, und der Herr hört
und rettet sie aus all ihren Bedrängnissen.
19 Nahe ist der Herr gebrochenen Herzen
und hilft denen, die zerschlagenen Geistes sind.
20 Zahlreich sind die Leiden des Bewährten,
doch aus ihnen allen befreit ihn der Herr.
21 Er behütet alle seine Gebeine,
daß ihrer nicht eins gebrochen werde.
22 Töten wird den Frevler das Unheil,
wer Bewährte haßt, wird es büßen.
23 Der Herr erlöst die Seele seiner Knechte,
keiner büßt, der ihm vertraut.

1

Wie war's denn nun? Haben die Tempelsänger oder gar die Tempelgemeinde die Psalmen auswendig, par cœur, gesungen? Textblätter standen ja keine zur Verfügung... Haben vielleicht Vorsänger die Texte erst vorgesprochen, dann vorgesungen, bis daß Chor und/oder Gemeinde sie nachzusprechen, nachzusingen vermochten? Das wäre denkbar. Die alphabetische Reihenfolge der Anfangsbuchstaben der Versanfänge, die im Hebräischen manchen Psalm und so auch diesen strukturiert, könnte hierbei eine Memorierhilfe gewesen sein. Manche Ausleger tadeln zwar die »Künstlichkeit« dieser Struktur: »Solcher Formalismus ist für unsere Begriffe das Ende der Lyrik, aber auch der religiösen Ergriffenheit.« »Unsere Begriffe?« Die dürften hier wohl wenig maßgeblich sein! Bei den Psalmen handelt es sich um orientalische Gesangstexte aus einer Epoche lange vor dem Gutenberg-Zeitalter. Daran scheinen europäische Exegeten, gewohnt, im Gottesdienst aus einem Gesangbuch zu singen, seltsamerweise nicht zu denken.

2

Hartnäckig reden, singen die Psalmen von »Gebeugten« (3/7), die eine schwere Last tragen müssen, sei's Armut, sei's Krankheit, sei's Unrecht. In ihrer Bedrängnis suchen sie Jahwe dort auf, wo er je und je seinem Volk begegnet, wo er Verstörten und Klagenden geduldig Antwort und Weisung gibt – in seinem Tempel. Hier erfuhr auch der Gebeugte dieses Psalms Erhörung, Antwort (vermittelt wohl durch den Mund eines Priesters) und darin Befreiung »von all meinen Ängsten« (5). Ach, wüßten wir nur, wie das konkret vor sich gegangen ist! War der Tempel denn tatsächlich ein Heiligtum, wo sich in einem fort göttliche Heilungs- und Rettungswunder ereignet haben? Ein Ort psychischer, physischer, sozialer Befreiungen? Oder war die Vision des Tempels am Ende doch kühner und großartiger als seine Realität? So daß er am Widerspruch zwischen Erwartung und Wirklichkeit schließlich zugrunde ging für immer? Ist damit der Traum von der Blick- und Rufnähe Gottes, von seiner Nähe auch zu den alltäglichen Nöten der »Gebeugten« ausgeträumt, und hat er sich ins Vage, ins räumlich und zeitlich Unverbindliche verflüchtigt? Die Psalmen, allesamt auf den Tempel Jahwes bezogen, stellen heutige Leser immer neu vor die Frage: *Wo* ist nun der hier verkündete Gott, *wo* erscheint, *wo* antwortet, redet, heilt er?

Die Erfahrung »Nahe ist der Herr gebrochenen Herzen / und hilft denen, die zerschlagenen Geistes sind« (19) ist mit dem Verschwinden des Tempels gleichsam ortlos geworden. Bedeutet das einen Gewinn an Universalität, so daß die Erfahrung des Beters im Tempel zur Verheißung für alle wird, die nach Gottes Willen leben? Darauf weisen in der Tat die Mahnungen der Verse 14 und 15 hin. Entscheidender als Kult und Gottesbegegnung im Tempel ist der Wandel *mit* Jahwe, das alltägliche Handeln nach seiner Weisung. »Trachte nach Frieden, jage ihm nach!« (15) Schalom, Frieden, ist das gedeihliche Zusammenleben, Zusammenwirken aller in gegenseitiger Hilfsbereitschaft und Solidarität, so daß sie »ein jeder unter seinem Weinstock und unter seinem Feigenbaum sitzen werden, ohne daß einer sie aufschreckt« (Micha 4,4). Mit ähnlichen Worten wie die Psalmverse 14 und 15 beschreibt Zephanja den Schalom: »Sie werden kein Unrecht tun noch Lügen reden; in ihrem Munde wird keine trügerische Zunge gefunden werden, sondern sie werden weiden und sich lagern, ohne daß jemand sie aufschreckt.« (Zephanja 3,13) Auf dieses Ziel hin handelt Gott: »Ich will den Frieden zu deiner Obrigkeit machen und die Gerechtigkeit zu deiner Regierung«. (Jesaja 60,17)

Ist somit der Schalom der Gesellschaft der wahre Tempel, aus lebendigen Menschen und menschlichen Beziehungen errichtet? War der Tempel aus vergänglichen Steinen erst ein Hinweis auf dieses endgültige Heiligtum, auf die endgültige Wohnung Gottes bei den Menschen?

3

Der zu neuer Lebenslust (13) Errettete bezeugt: »Es lagert sich der Engel des Herrn / rings um die, die ihn (Jahwe) fürchten, und errettet sie.« (8) Seltsames Bild! Als hätte der *eine* Engel sich zum schützenden Heerlager erweitert oder vervielfacht. Jedenfalls erscheint der Engel hier nicht als Gottesbote, der eine bestimmte Botschaft bringt, sondern als Schutzmacht, die Gott rund um Bedrängte »aufbaut«.

Engel? Ist heute aber nicht jeder Engelsglaube »erledigt« (Rudolf Bultmann)? Sind Schutz- oder Boten-Engel nicht bloß noch »konkret-poetische Symbole der Ideen oder Seinsmächte« (Paul Tillich)?

Andererseits mutet die Vorstellung von einem engellosen Gott denn doch reduktionistisch, fast schon armselig an. Der Reichtum der Kräfte und Wirkungsweisen wird Gott damit abgesprochen. Übrig bleibt ein Prinzip, eine Kraft, ein Wille, seltsam dürftig, seltsam leblos – wie immer, wenn Menschen meinen, Gott auf den Begriff, auf *ihren* Begriff bringen zu können. Wogegen gerade Engel auf eine Lebensdimension jenseits der Begriffe verweisen. Engel stehen für die unnennbar vielen, stets wieder überraschend verschiedenartigen Handlungsmöglichkeiten Gottes, die weit über alles hinausgehen, was menschliche Vorstellung mit den Kräften einer einzigen Person – und wäre es selbst diejenige Gottes! – zu verbinden vermag. In den Engeln erscheint die unendliche Kräftevielfalt Gottes und damit Gott selber als pluraler Singular. Oder wie Maimonides formulierte: »Er ist Einer ohne Einheit.«

Diese Kräftevielfalt hat auch Christoph Blumhardt im Auge gehabt. Engel, predigte er, seien lebensnotwendig, denn »in jedem Unglück, in Sünde und Verderben, in allem ist ein unmittelbarer Engel Gottes nötig, damit du frei wirst«. Kaum hatte er dies gesagt, überraschte er seine Hörer aber mit dem Satz: »Das ist jetzt unser Engel: der heilige Geist.« Eine Reduktion also auch, wenn schon eine spirituelle? Allein, der heilige Geist behält bei Blumhardt als »persönlicher« heiliger Geist engelhafte Züge: »Ich sage es nicht gern, weil man sich nichts darunter vorstellt, aber der persönliche heilige Geist muß her, und das ist das gleiche wie die Heerscharen Gottes.« Heiliger Geist, Engel (in Einzahl oder Mehrzahl): wechselnde Bezeichnungen also der unendlich vielfältigen Gegenwart und damit auch der unerschöpflich reichen Kräfte und Handlungsmöglichkeiten Gottes? In dieser Perspektive kann dann auch die Erkenntnis aufdämmern, daß die Grenzen zwischen Engels- und Menschendienst durchaus fließend sind: »Jeder ist Gottes Bote an den andern. Jeder bringt jedem andere Botschaft.« (Ludwig Strauss) Sind Engel somit auch eine Art und Weise, wie Gott auf individuelle Situationen und Bedürfnisse eingeht?

4

Der Aufblick zu Jahwe (6) läßt das bekümmerte, vielleicht schmerzentstellte Antlitz des Gebeugten wieder aufleuchten. Nicht länger braucht es sich schamvoll zu verbergen. Im Widerglanz gleichsam zu Gottes Ausstrahlung, d. h. Herrlichkeit, beginnt auch der Elende wieder zu strahlen, richtet das gesenkte Haupt, den gramgebeugten Körper von neuem auf. Der aufrechte Gang: kein Willensakt der Selbstaufrappelung! Jahwes Zuwendung ist's, die den Gebeugten aufrichtet (18); Zuwendung in Form von Erhörung (7), von konkreter Antwort (5) in Gestalt eines autoritativen Rechtsentscheids. Der aufrechte Gang also: ein Geschenk Gottes, eine Tat seiner Solidarität mit den Bedrängten. Ort des Geschenkempfangs, der neu erlebten Jahwe-Treue: das Heiligtum in Jerusalem, immer wieder (5: »Ich suchte den Herrn auf...«).

Für den Psalmautor hat Jahwes Nähe im Heiligtum durchaus auch sinnliche Qualität: »Schmecket und seht, wie gut der Herr ist!« (9) Zum Tempelkult gehörten Augenlust, Geschmacks- und Gaumenfreuden (bei den Opfermahlzeiten), nicht zuletzt Geruchserlebnisse. Ob das verbrannte Fett (kostbarster Teil der Opfertiere), das bei der Darbringung Jahwe übereignet worden ist, aber immer nur gut und appetitlich roch? Man muß ja wohl mit einer oft großen Zahl von Opferungen, also mit beträchtlichen Fettmengen rechnen. Wurde der Fettrauch durch Beimischung oder gleichzeitige Verbrennung aromatischer Essenzen vielleicht wohlriechender gemacht? Seit Mitte des zweiten vorchristlichen Jahrtausends scheint die Räucherkunst auch in Israel heimisch geworden zu sein, von Ugarit her. Vermochten bestimmte Aromata die Kultteilnehmer gar in eine euphorische Stimmung zu versetzen, eine psychedelische Wirkung auszuüben? Wie auch immer: Jahwes heilige, heilende Nähe teilte sich *allen* Sinnen festlich mit.

Psalm 35

1 Von David.
Streite, Herr, gegen meine Bestreiter,
bekriege meine Bekrieger!
2 Greife zu Schild und Tartsche,
steh auf, mir zu helfen!
3 Schwinge Lanze und Streitaxt
meinen Verfolgern entgegen!
Sprich zu meiner Seele:
»Deine Befreiung bin ich!«
4 Zu Schande und Schimpf sollen werden,
die nach dem Leben mir trachten.
Schmählich zurückweichen sollen,
die Böses gegen mich planten.
5 Wie Spreu vor dem Winde sollen sie werden,
gestoßen vom Engel des Herrn!
6 Finster werde ihr Weg und schlüpfrig
und der Engel des Herrn soll sie jagen!
7 Denn ohne Grund legten sie mir ein Grubennetz aus,
haben mir eine Grube gegraben.
8 Ihn hole Verderben ein, eh' er sich dessen versieht!
Und das Netz, das er legte, fange ihn selbst,
in die Fallgrube möge er stürzen!
9 Ich aber will jubeln dem Herrn,
mich freuen an seiner Befreiung.
10 Sprechen werden alle meine Gebeine:
Herr, wer ist denn wie du?
Der du den Schwachen vor dem Starken errettest,
den Armen vor seinem Berauber!
11 Frevle Zeugen treten auf
und halten mir vor, wovon ich nichts weiß.
12 Sie entgelten mir Gutes mit Bösem,
Verlassenheit ist mein Teil.
13 Ich aber, da sie erkrankten, legte den Sack um,

kasteite mit Fasten mich selbst
– o daß mein Gebet zurückkehrte in meine Brust! –,
14 als wär es mein Freund, mein Bruder.
Ich ging einher wie einer, der um die Mutter trauert,
aschegeschwärzt und gebückten Gangs.
15 Sie aber, sie jubelten bei meinem Sturz,
Sie rotteten sich gegen mich zusammen –
Fremde, die ich nicht kenne,
zetern laut gegen mich und lassen nicht ab.
16 Ruchlos verhöhnen, verspotten sie mich,
fletschen die Zähne gegen mich.
17 Herr, wie lange noch schaust du zu?
Errette mein Leben vor ihren Zähnen
und das, was ich bin, vor den Löwen!
18 Ich will dir danken in großer Versammlung,
unter vielem Volk dich rühmen!
19 Laß nicht verlogene Feinde über mich jubeln,
die mich ohne Grund hassen
mit verkniffenen Augen!
20 Denn sie reden nicht Frieden,
und gegen die Stillen im Lande
ersinnen sie heimtückische Pläne,
21 reißen ihr Maul weit gegen mich auf
und rufen: »Ha! Ha! Nun sahen wir es
mit eigenen Augen.«
22 Gesehen aber hast du es, Herr!
Darum schweige nicht länger,
Herr, bleib mir nicht ferne!
23 Steh auf, wach auf für mein Recht,
mein Gott und mein Herr, für meinen Streit!
24 Schaffe mir Recht nach deiner Gerechtigkeit,
Herr, mein Gott, laß sie nicht über mich triumphieren!
25 Laß sie nicht bei sich selbst sprechen:
»Ha! Ha! Wie freuen wir uns!«
Laß sie nicht sagen: »Verschlungen haben wir ihn!«
26 Zuschanden sollen sie werden und sich schämen zumal,
die über mein Unglück sich freuen!

In Schimpf und Schande sich kleiden,
die gegen mich großtun!
27 Frohlocken und freuen werden sich,
die wünschen, daß mir Gerechtigkeit wird.
Sie werden immerdar sprechen:
Groß ist der Herr,
der Frieden schafft seinem Knecht!
28 Und meine Zunge soll deine Gerechtigkeit künden,
dein Lob jeden Tag.

I

Manche Psalmen, auch dieser, schockieren uns Christen der europäischen Mittelklasse mit unverhohlenen Vergeltungs-, ja Rachewünschen. Eine diskrete Zensur hat diese anstößigen Texte aus dem erbaulichen Psalmen- und Zitatenschatz der Gemeinden ausgesondert. Auch homiletisch werden sie kaum je verwendet. Diese verschämte Zensur spiegelt unsere individuelle Selbstzensur wider, die allenfalls aufkommende Vergeltungs- und Rachewünsche immer sogleich meint abstreiten und verdrängen zu müssen. Vielleicht aber sollte man diese Psalmen, anstatt sie mit hartnäckiger Betretenheit zu umschweigen, einmal auch als Ausbrüche unverstellter Ehrlichkeit, als Durchbrüche durch die Dämme konventionell gewordener Verdrängungen lesen. Wer betet – und die Psalmen sind Gebete! –, stellt und öffnet sich Gott, sagt gleichsam: »Hier bin ich, so ist mein Leben, so sind meine verborgensten, wildesten Wünsche, Begierden – es hat keinen Zweck, sie dir verheimlichen zu wollen, schon gar nicht im Gebet.«

Sind die uns zunächst schockierenden Psalmen somit Anti-Verdrängungs-Texte? Ist es vielleicht mehr als bloß Zufall, daß die bedeutendsten neuzeitlichen Tiefenpsychologen und Verdrängungsforscher, angefangen mit Sigmund Freud und Alfred Adler, Juden waren, geprägt u. a. von Bibeltexten, deren Sprache (noch) nicht der Zensur bürgerlich-europäischer Verdrängungsimperative unterworfen war?

Nicht zuletzt dürfte die unverblümte Aufrichtigkeit der uns heute anstößig gewordenen Psalmen aber dem Glauben entsprungen sein, daß sich der Mensch mit seinen elementaren Regungen und Begehrungen vor Gottes Antlitz ohnehin nie und nimmer verstecken kann (vgl. Jeremia 16,17).

Wichtiger noch als der psychologische bleibt freilich der soziale Aspekt! Wer nichts mehr zu verlieren hat, schreit seine Not, seine Wut, seinen Jammer ungehemmt heraus, ohne seine Gefühle und Erbitterungen zu zügeln, ohne seine Worte abzuwägen – ein Luxus, den sich ja nur Gesicherte und Besitzende leisten können.

Psalm 35 legt die Not eines ins »Unglück« (26) geratenen, jetzt zudem auch noch kranken (12–16) Menschen offen, den begünstigtere Mitmenschen am liebsten »zähnefletschend« (16), mit »heimtückischen Plänen« (20) »verschlingen« (25) möchten, was wohl bedeutet, daß sie sich den Restbesitz des Verarmten schon zu Lebzeiten, erst recht aber bei dessen Ableben billig unter den Nagel zu reißen gedenken. Darum kümmern sie sich nicht um den Erkrankten, planen im Gegenteil »Böses gegen ihn« (4), stellen ihm Falle um Falle (7–8), lassen falsche, wahrscheinlich bestochene Zeugen gegen ihn aufmarschieren (11), tun in summa alles, um ihn, den derzeit so gut wie Wehrlosen, zu übervorteilen und möglichst bald auch endgültig loszuwerden. Handelt es sich um eine Detail- und Momentaufnahme aus einer Gesellschaft, in der ein rasch wachsender Wohlstand der einen bei andern eine ebenso rasch wachsende Armut erzeugt hat? Zustände, Entwicklungen somit, die unsere Industriegesellschaften ebenfalls kennen, die vor allem auch das Verhältnis zwischen Erster und Dritter Welt seit langem bestimmen: Alle Macht den Starken, den Schwachen das Nachsehen! Genau gegen diese Entwicklung schreit dieser Psalm aus persönlicher Betroffenheit. Schreit mit seinen Vergeltungswünschen zu Gott: »Schaffe mir Recht nach *deiner* Gerechtigkeit!« (24), d. h. nicht nach dem Recht, mit dem die Mächtigen im Interesse ihrer Machterhaltung richten. Der Rechtshelfer der Bedrängten und Ohnmächtigen erscheint sogar als Kriegsmann mit Schild und Tartsche, Lanze und Streitaxt (2–3): »Streite, Herr, gegen meine Bestreiter, / bekriege meine Bekrieger!« (1) Der Beter appelliert an die Militanz Gottes gegen die Macht-

und Profitgier derer, die nie genug haben. Der Gedanke, daß Jahwe auf der Seite der Mächtigen stehen könnte, bleibt ihm fremd: »Herr, wer ist denn wie du?/Der du den Schwachen vor dem Starken errettest,/den Armen vor seinem Berauber!« (10) Einen andern Gott, einen Komplizen der Räuber, gibt es nicht.

Psalm 36

1 Dem Chorleiter. Vom Knecht des Herrn, von David.
2 Es sagt der Frevler: »Nicht scheue ich Schuld.«
Er kennt kein Erschrecken vor Gott.
3 Denn er glättet sich selbst seinen Weg,
damit seine Schuld nicht gefunden, nicht gehaßt werde.
4 Die Reden seines Mundes sind Lug und Trug,
er gab es auf, weise und gut zu handeln.
5 Frevel ersinnt er auf seinem Lager,
tritt auf unguten Weg,
verschmäht nicht das Böse.
6 Herr, in den Himmel reicht deine Huld,
deine Treue bis an die Wolken!
7 Gottesbergen gleicht deine Gerechtigkeit,
dein Recht dem großen Urmeer.
Menschen und Tieren hilfst du, Herr,
8 wie köstlich ist deine Huld!
Zu dir kommen die Menschenkinder,
bergen sich im Schatten deiner Schwingen.
9 Sie laben sich am Fett deines Hauses,
am Bach deiner Wonnen tränkst du sie.
10 Denn bei dir ist die Quelle des Lebens,
in deinem Lichte schauen wir Licht.
11 Erhalte deine Huld denen, die dich kennen,
deine Gerechtigkeit denen, die aufrichtigen Herzens sind.
12 Nicht trete mich der Fuß der Hochnäsigen,
und die Hand des Frevlers verjage mich nicht!
13 Fallen müssen die Übeltäter,
sie werden gestürzt und stehen nicht wieder auf.

I

Dieser Psalm zeichnet einen Kontrast: hier der rücksichtslose, gottverachtende Übeltäter (2–5), dort das Glück des von ihm Bedrängten, sobald er im Tempel Jahwes Zuflucht und Hilfe gefunden hat (6–11). Den Rücksichtslosen kümmert weder Schuld noch Gott (2–3); mit Lug und Trug »glättet er sich selbst« (3) seinen bösen Weg (5). Am liebsten würde er den Schwächeren, auf den und dessen Gut er's abgesehen hat, mit Fußtritten und Schlägen auch aus dem Tempel jagen (12). Dies aber verletzte das Asyl-Recht an heiliger Stätte.

In den Psalmen ist von einer generellen, gar angeborenen Sündhaftigkeit aller Menschen kaum die Rede. Benannt, beklagt werden – entweder konkret oder, wie hier, typisierend – Beziehungssünden, soziale Sünden. Als sündhaft, schuldhaft gilt der Bruch der Solidarität, zu der Jahwes Gerechtigkeit die Starken gegenüber den Schwachen, die Reichen gegenüber den Armen in Pflicht nimmt. Deshalb ist das deutsche Wort »Frevel« hier angemessen, umfaßt es von seinen germanischen Wurzeln her doch Vorstellungen wie »Stärke«, »Kraft«, »übermütige Gewalttat«. Die Verfehlungen kleiner, bedrängter Leute haben in den Psalmen wenig oder gar kein Gewicht. Heftig beklagt und angeprangert wird hingegen die Ausnützung, Übertölpelung, Unterdrückung der Armen durch Reiche, der Schwachen durch Starke. Dieses leider nicht endenwollende Unrecht von oben nach unten wird nirgends durch den Verweis auf eine allgemeine, menschlich-allzumenschliche Sündhaftigkeit vernebelt und entschärft. So eignet den Psalmen ein markantes soziales Profil. Das ist, verglichen etwa mit Kirchenliedern, erstaunlich in Anbetracht der Kultfunktion dieser Gesänge. Es ist nicht erstaunlich im Hinblick auf Jahwe, der den Armen und Bedrängten Recht schafft und die hochfahrenden Übeltäter stürzen wird (13).

Hymnisch feiern die Verse 6–12 Jahwe, dessen Huld die Welt erfüllt (6), dessen Gerechtigkeit und Recht im Wandel von Zeiten und Verhältnissen so unwandelbar bleiben wie die mythischen Gottesberge, wie das lebensträchtige Urmeer (7).

Jahwe hilft »Menschen *und Tieren*« (7). Daß diese Aussage wenig zur Tieropferpraxis des Tempels paßte, war dem Psalmdichter nicht bewußt. Wer spekulative Deutungen nicht scheut, könnte im Rückblick vielleicht behaupten, der Opferkult – und damit der Tempel! – sei u. a. auch deswegen für immer aus der jüdischen Geschichte und Religiosität verschwunden, weil Jahwe mit seiner Hilfe auch für die Tiere ernst gemacht habe. Allerdings: was waren die Tieropfer im Jerusalemer Tempel denn schon, verglichen mit modernen Schlachthäusern! »O gräßlicher Irrtum der Menschen, zu wähnen, daß die Tierwelt nur um ihretwegen da sei und folglich rücksichtslos verbraucht werden dürfe! Jedes Wesen ist vor allem nur da, um sich seines Daseins zu freuen« (Christian Wagner, 1835–1918). Im Tempel wurden Tiere geschlachtet, als Opfer dargebracht, und die Kultteilnehmer labten sich an ihrem »Fett« (9). Grundsätzlich hat sich an diesem Mensch-Tier-Verhältnis bis heute, wenn auch jetzt außerhalb des Kultes, nichts geändert. Gegen den Zugriff der Menschen hat Gott den Tieren bis dahin nicht geholfen.

Bedrängte Menschen aber fanden im Tempel, »im Schatten« der Kerub-Schwingen (oder Flügel), Schutz, Asyl und Rechtshilfe, sofern sie »aufrichtigen Herzens sind« (11; vgl. die Seligpreisung Jesu, Matthäus 5,8). Rechtshilfe und Kultteilnahme erneuern das Leben der Gebeugten (»Quelle des Lebens«, 10), die Zuwendung Jahwes (sein »Antlitz«) machen das zuvor dunkle Dasein wieder hell: »In deinem Licht schauen wir Licht« (10).

Psalm 37

1 Von David.
Ereifere dich nicht über Böse,
zürne nicht über Übeltäter,
2 denn wie Gras verwelken sie schnell
und verdorren wie grünes Kraut.
3 Vertraue auf den Herrn und tue Gutes,
wohne im Lande und bewahre Treue,
4 habe deine Lust an dem Herrn,
so wird er dir geben,
was dein Herz begehrt.
5 Befiehl dem Herrn deinen Weg
und vertraue auf ihn, er wird's tun.
6 Er läßt dein Recht aufgehen wie Licht
und deine Gerechtigkeit wie Mittagsglanz.
7 Sei stille vor dem Herrn und harre auf ihn!
Ereifere dich nicht gegen den, der Erfolg hat,
gegen den Mann, dessen Ränke gelingen!
8 Laß ab vom Zorn, entsage dem Grimm!
Ereifere dich nicht; es führt nur zum Bösen.
9 Denn die Bösen werden ausgetilgt,
die aber auf den Herrn hoffen,
werden das Land besitzen.
10 Nur kurze Zeit noch, dann ist der Frevler verschwunden
und blickst du nach ihm, so ist er nicht mehr da.
11 Die Armen aber werden das Land besitzen
und werden sich erquicken an der Fülle des Heils.
12 Böses heckt der Frevler aus gegen den Bewährten
und fletscht die Zähne gegen ihn –
13 aber der Herr lacht über ihn,
denn er sieht, daß sein Tag herankommt.
14 Die Frevler zücken das Schwert
und spannen den Bogen,
um den Armen und Gebeugten zu fällen,

um hinzuschlachten, die aufrichtig wandeln.
15 Doch dringt ihr Schwert in ihr eigenes Herz,
und ihre Bogen werden zerbrochen.
16 Besser das Wenige des Bewährten
als der große Reichtum der Frevler.
17 Denn die Arme der Frevler werden zerbrochen,
den Bewährten aber stützt der Herr.
18 Der Herr kennt die Tage der Bescheidenen,
ihr Erbbesitz bleibt für immer bestehen.
19 Sie werden nicht zuschanden in Zeiten des Unglücks,
auch in den Tagen des Hungers werden sie satt.
20 Die Frevler aber kommen um,
und die Feinde des Herrn – wie die Pracht der Auen
vergehen sie, lösen sich auf in Rauch.
21 Der Frevler muß leihen und kann nicht bezahlen,
der Bewährte aber kann spenden und geben.
22 Die Gesegneten des Herrn werden das Land besitzen,
die von ihm Verfluchten aber ausgetilgt.
23 Der Herr lenkt die Schritte des Mannes,
er hat Lust an dem, dessen Weg ihm gefällt.
24 Wenn er fällt, stürzt er nicht hin,
denn der Herr hält seine Hand.
25 Ich war jung, ich bin alt geworden,
doch nie sah ich einen Bewährten verlassen
und seine Kinder betteln um Brot.
26 Alle Tage schenkt er und leiht
und seine Kinder werden zum Segen.
27 Laß vom Bösen und tue Gutes,
so wirst du immerzu bleiben.
28 Denn der Herr liebt die Gerechtigkeit
und verläßt die ihm Vertrauenden nicht.
Die Frevler hingegen werden für immer vertilgt,
und das Geschlecht der Gottlosen wird ausgerottet.
29 Die Bewährten werden das Land besitzen
und für immer darin wohnen.
30 Der Mund des Bewährten spricht Weisheit
und seine Zunge bekennt sich zum Recht.

31 Seines Gottes Weisung ist ihm im Herzen,
seine Schritte wanken nicht.
32 Der Frevler aber lauert dem Bewährten auf
und sucht ihn zu töten.
33 Doch der Herr überläßt ihn nicht seiner Hand,
läßt ihn nicht verdammen, wenn er verurteilt wird.
34 Hoffe auf den Herrn, und achte auf seinen Weg,
so erhöht er dich, daß du das Land besitzest;
zusehen wirst du, wie die Frevler vernichtet werden.
35 Ich sah den Frevler trotzig sich recken
wie eine grüne Zeder.
36 Ich kam vorüber – da war er verschwunden,
ich suchte ihn – er war nicht mehr zu finden.
37 Bewahre Unschuld und übe Redlichkeit!
Eines solchen Mannes Verbleib wird Heil sein.
38 Die Abtrünnigen aber werden alle vertilgt,
das Ende der Frevler ist Verderben.
39 Die Hilfe für den Bewährten geht aus vom Herrn,
er ist ihre Zuflucht in Notzeit.
40 Der Herr steht ihnen bei und rettet sie,
er befreit sie von den Frevlern und hilft ihnen,
denn sie suchen ihre Zuflucht bei ihm.

Wer sich über die Erfolge von Ränkeschmieden (7), Übeltätern, Bösgesinnten zornig ereifern wollte (1), fände, da immer von neuem die Schurken triumphieren, kaum noch heraus aus seinem Zorn und fiele schließlich gar selber dem Bösen anheim (8). Aus diesem Grunde mahnt der Psalm zur wenig geliebten Tugend stillhaltender, still harrender, still hoffender Geduld (7/34). Eine Ermahnung, die zunächst betulich anmutet, verglichen etwa mit William Blakes herrlichem Satz: »Die Tiger des Zorns sind weiser als die (dressierten) Pferde der Hohen Schule.« Eine lange Leidens- und Exilgeschichte zwang das jüdische Volk jedoch zu einer Existenz des Duldens und Harrens, die wider alle Faktizität, auch wider alle Wahrscheinlichkeit sich glaubend und zweifelnd an die Hoffnung klammerte – an welche Hoffnung aber? »Es ist eine Hoffnung, nicht weil, sondern trotz alledem. Eine Hoffnung, der es verboten ist, Termine auszurechnen – denn sie sind alle verstrichen«, schrieb Franz Rosenzweig, ein Gedicht des mittelalterlichen Dichters Jehuda Halevi kommentierend. Eine Hoffnung somit, die sich auf nichts stützen kann außer auf Jahwes Zusagen. So ist es bereits in diesem Psalm (18–19/28/33/39–40), wo Gottes Zusagen auffällig und refrainartig in Landzusagen gipfeln für die Armen (11), die Bescheidenen (18), die Gesegneten des Herrn (22), die Zaddiks oder Bewährten (29), die Hoffenden und auf Jahwes Weg Achtsamen (34).

Eindrücklich bezeugen diese Landzusagen die Diesseitigkeit israelitschen Glaubens und Hoffens. Die Vertröstung erfolgt nicht im Blick auf jenseitige, sondern auf diesseitige Zukunft, denn Tote, so die Vorstellung damals, leben in der »Nicht-Welt«, im »Un-Land« der Scheol (vgl. Psalm 6). Logisch deshalb, daß der Beter seine Hoffnung auf Jahwes immanente Nemesis setzt (ähnlich wie Psalm 7,16): »Die Frevler zücken das Schwert / und spannen den Bogen, um den Armen und Gebeugten zu fällen, / um hinzuschlachten, die aufrichtig wandeln. / Doch dringt ihr Schwert in ihr eigenes

Herz, / und ihre Bogen werden zerbrochen«. (14–15) Noch in diesem relativ späten Psalm tauchen Bilder des heiligen Krieges aus Israels Frühzeit auf (vgl. zu Psalm 18).

Stets von neuem staunen wir über die Erwartung, ja Forderung, daß Gottes Gerechtigkeit sich in der Zeit, im Diesseits verwirklichen müsse. Machen es sich die Beter damit nicht selber schwer? Indem sie sich der bequemeren Lösung versagen, die Erfüllung der Verheißungen auszulagern in ein Jenseits, wirft ihr Glaube fortwährend mehr Fragen auf, als er Antworten anbieten kann. Andererseits ist es möglich, daß just die problemwuchernde Diesseitigkeit solchen Hoffens und Fragens die Identität und geschichtliche Kontinuität des Bibelvolkes begründet und über Jahrtausende hin durch immer neue Katastrophen hindurch getragen hat – für den Glauben ein Indiz dafür, daß Gottes Diesseits-Verheißungen denn doch nicht bloß eitel Schall und Rauch waren. Der Christ wird deshalb gut daran tun, Jesu Seligpreisung (Matthäus 5,5), die die Landzusagen dieses Psalmes aufnimmt und Vers 11 wörtlich zitiert, in ihrem Verheißungsteil nicht sogleich auf Jenseitigkeit umzudeuten: »Selig, die gewaltlos und sanft sind, denn sie werden das Land besitzen«, wörtlich: »sie werden das Land erben«, d. h. es wird ihnen zufallen.

2

Doch wie nun? Sollten etwa die Landzusagen mit der Errichtung des neuzeitlichen Nationalstaates Israel erfüllt worden sein? Sind nicht tatsächlich Bedrängte, Verfolgte aus vielen Ländern, sind nicht die Überlebenden des Holocaust, also wahrhaftig Arme, hier endlich zum verheißenen Land gekommen? Verheißungslicht umgab die Staatsgründung, kein Zweifel. Gegründet wurde dann allerdings ein jüdischer Nationalstaat, der die im Land ansässigen Araber benachteiligte und zum Teil vertrieb. Lange zuvor hatten einsichtige Zionisten wie z. B. Martin Buber gerade vor dieser Entwicklung gewarnt – vergeblich! So entstand anstatt eines gerechten, darum auch friedlichen Gleichgewichts zwischen allen Gruppen und Interessen im Land, das Jahwes Schalom entsprochen hätte, ein permanenter und brisanter Konfliktherd, wo Recht gegen Recht steht, darum auch immer Gewalt gegen Gewalt. Ich frage mich, wie etwa palästinensische Christen diesen Psalm 37 lesen, welche Gefühle, Gedanken sie dabei bewegen.

Psalm 38

1 Ein Psalm Davids. Zum Weihrauchopfer (?).
2 Herr, strafe mich nicht in deinem Grimm,
züchtige mich nicht in deiner Zornglut,
3 denn deine Pfeile haben mich getroffen,
schwer hat sich deine Hand auf mich gelegt.
4 Nichts Gesundes ist an meinem Fleisch ob deines Grolls,
nichts Heiles an meinen Gebeinen ob meiner Verfehlungen.
5 Denn meine Vergehen wachsen mir über den Kopf,
gleich einer schweren Last sind sie mir zu schwer geworden.
6 Es stinken, es eitern meine Wunden ob meiner Torheit.
7 Entstellt bin ich und niedergekrümmt,
verdüstert bringe ich jeden Tag zu.
8 Meine Lenden sind voller Brand,
nichts mehr ist gesund an meinem Fleisch.
9 Ich bin erschöpft und ganz zerschlagen,
ich schreie aus stöhnendem Herzen.
10 Mein Herr, all mein Verlangen liegt offen vor dir,
mein Seufzen bleibt dir nicht verborgen.
11 Mein Herzschlag flattert, die Kraft hat mich verlassen,
auch das Licht meiner Augen ist erloschen.
12 Meine Freunde und Genossen sind geflohen vor mir,
auch meine Nächsten halten sich fern.
13 Schlingen legen, die mir nach dem Leben trachten,
und die mein Unglück wollen, reden Verhängnis,
ersinnen Lug und Trug den ganzen Tag.
14 Ich aber bin wie ein Tauber, höre nicht,
bin wie ein Stummer, der seinen Mund nicht auftut.
15 Ja, ich gleiche einem Tauben, der nicht hört,
bin wie ein Stummer, der seinen Mund nicht öffnet.
16 Denn auf dich, Herr, harre ich,
du wirst antworten, Herr, mein Gott.

17 Denn ich denke: Sie sollen nicht über mich jubeln,
nicht über mich triumphieren, wenn mein Fuß wankt!
18 Denn ich bin auf meinen Sturz gefaßt,
mein Schmerz verläßt mich nie.
19 Ja, ich bekenne mein Vergehen,
bin bekümmert ob meiner Verfehlung.
20 Aber die mich grundlos befehden sind zahlreich,
und viele sind's, die mich ohne Ursache hassen.
21 Mit Bösem zahlen sie mir das Gute heim
und befeinden mich, weil ich nachjage dem Guten.
22 Verlaß mich nicht, Herr!
Mein Gott, sei nicht ferne von mir!
23 Komm mir eilends zu Hilfe,
Herr, mein Heil!

I

Seit jeher scheint es in Israel Wundheiler gegeben zu haben, die äußere Verletzungen behandelten (2. Mose 21,19). Für innere, vor allem schwere Krankheiten hingegen war Jahwe zuständig (2. Mose 15,6); er allein half zum Leben oder entschied zum Sterben (2. Könige 5,7), tat weh und verband, schlug mit Erkrankung, heilte aber auch (Hiob 5,18). 2. Chronik 16,12 tadelt den judäischen König Asa, weil er in schwerer Krankheit sich an Ärzte – wie sie einem König zur Verfügung standen – anstatt an Jahwe gewandt hatte. Weniger privilegierte Kranke konnten ohnehin nicht mit ärztlichem Beistand rechnen. Enthält der Tadel an Asa vielleicht eine Kritik an monarchischen Vorrechten, die dem Glauben an Jahwe abträglich waren? Wie auch immer: der gewöhnliche Mann (und wohl auch die in den Psalmen stumm bleibende gewöhnliche Frau) konnte nur bitten, rufen: »Jahwe, heile mich!« (Psalm 6,3) oder wie hier: »Komm mir eilends zu Hilfe, Jahwe, mein Heil!« (23). Aus dem Krankheitsbild (6–9 / 11) haben manche Ausleger auf Aussatz, Lepra, geschlossen, andere wieder zweifeln daran, weil ein Aussätziger und somit kultisch Unreiner den Tempel nicht hat betreten dürfen. Wie jeder Psalm ist aber auch dieser ein liturgischer Text, bestimmt zu gottesdienstlichem Gebrauch. Freilich geht die Anrufung Jahwes (1 / 10 / 22–23) über liturgische Konvenienz hinaus, denn für einen Kranken, der bei lebendigem Leibe zerfällt, bereits fast blind (11), fast taub und sprechbehindert (15), gibt es keine andere Hoffnung, keine andere Hilfe als allein diejenige Jahwes. Konkret ereignete sich die Hilfe im vollmächtigen Spruch des Priesters, der dem Kranken Heilung zusagte. Wahrscheinlich diente der Psalm – wie z. B. auch Psalm 6 – als Gebetsformular, mit dem Jahwes heilendes Heil (23) je und je wieder erfleht worden ist (16). Doch auch losgelöst von dieser seinerzeitigen Verwendung des Textes begegnen wir hier einem Klagegedicht von heute noch anrührender Eindringlichkeit.

Deutlich erkennbar liegt dem Psalm die Vorstellung zugrunde, daß schuldhafte »Verfehlungen« (4 / 19), »Vergehen« (5 / 19) die Krankheit ausgelöst haben. Weder wird diese als Zufall noch als sonstwie von außen bewirkt (durch Ansteckung oder durch Einwirkung von Dämonen) verstanden. Auch Jahwes Grimm und Zornglut (2) wirken nicht von außen, vielmehr (also gleichsam psychosomatisch) von innen her. Entsprechend dem hebräischen Menschenbild, das Seele und Körper nicht dualistisch voneinander trennt, führt schweres Fehlverhalten früher oder später zu einem Fehlverhalten, d. h. zu einer Erkrankung auch des Körpers. Dem kranken Beter ist dieser Zusammenhang klar geworden: Sein Leiden macht ihm eine verhehlte, verdrängte Schuld deutlich, die Schuld wird zur drückenden Last (5) und nötigt ihn zum Eingeständnis, zum Bekenntnis (19).

Zugleich aber hat der über seine Verfehlungen Bekümmerte, an seinem Zustand Verzweifelnde (4) sich früherer Freunde und leidiger Genossen zu erwehren, die ihn nicht bloß im Stich ließen (12), sondern gegen ihn – was nicht einmal Hiob widerfuhr! – als Feinde (21) »Verhängis reden«, sein Unglück, seinen Tod wollen (13). Wandten sich die ihm einst Nahen gegen den Kranken, weil er sich *gegen sie* versündigt hatte? Das wäre immerhin denkbar, doch sprechen die Verse 20–21 dagegen. Oder fühlten sich die ehemaligen Freunde und jetzigen Feinde vielleicht berufen, die göttliche Krankheits-»Strafe« durch ihre Verstoßung und Feindschaft noch zu verstärken, um dadurch ihre eigene Gottgefälligkeit zu unterstreichen? Oder wissen und deuten diese leidigen Feinde alles anders und glauben es besser zu wissen als der doch einsichtige und reumütige Kranke?

Auffällig, daß der Beter zwar seine Schuld bekennt, seinen Widersachern gegenüber jedoch jede Schuld abstreitet (20–21). Heißt das, daß die Schuld, die ihm die andern als Krankheitsauslöser anlasten, gar nicht diejenige Schuld ist, die der Kranke selber als Ursache seiner Not erkannt hat? Daß also die »Diagnose« des Schuld-Krankheitszusammenhangs kontrovers war? Oft genug und gerade, wo es um psychosomatische Kausalitäten geht, werden Urteile von außen her leicht zu Vorurteilen und bleiben die wahren Zusammenhänge – wenn überhaupt! – nur dem Leidenden selbst erkennbar, ihm – und Gott! So bleibt die Situation des Kranken, der hier spricht oder von einem Dichter zum Sprechen gebracht wird, in den Details ungeklärt. Das forschende Nachfragen bleibt stecken in einer Vielfalt möglicher Situationen. Damit jedoch wird der Text auch auslegbar auf verschiedene Situationen hin. Ein liturgischer Text, ja – doch welche Lebensnähe! Ein Kranker, Schwerkranker leidet und klagt, geht in sich, wehrt sich aber auch und kann letztlich nur flehen: »Auf dich, Jahwe, harre ich, / du wirst antworten, Herr, mein Gott.« (16)

Psalm 39

1 Dem Chorleiter. Von Jeduthun. Ein Psalm Davids.
2 Ich dachte: Achthaben will ich auf meine Worte,
damit ich mich nicht verfehle mit der Zunge;
ich will meinem Mund einen Zaum anlegen,
solange noch der Frevler vor mir steht.
3 So blieb ich stumm und still,
schwieg – ohne daß Gutes draus wurde.
Da wogte mein Schmerz auf,
4 es glühte mein Herz mir im Innern,
ob meinem Seufzen loderte Feuer hoch –
da mußte meine Zunge reden:
5 Laß mich wissen, Herr, mein Ende,
was das Maß meiner Tage sei,
damit ich erkenne, wie hinfällig ich bin.
6 Siehe, nur handbreit hast du mir die Tage gesetzt,
mein Leben ist wie nichts vor dir.
Ein Hauch nur ist jeder Mensch,
mag er auch aufrecht gehen,
7 nur wie ein Traumbild geht der Mensch einher,
macht Lärm um nichts, rafft zusammen
und weiß nicht, wer einheimsen wird.
8 Und nun, worauf hoffe ich, Herr?
Dir allein gilt mein Harren.
9 Errette mich von allen, die sich gegen mich erheben,
laß mich nicht dem Narren zum Gespött werden.
10 Ich bin verstummt, öffne meinen Mund nicht,
denn du hast es getan.
11 Nimm hinweg von mir deine Plage,
ich vergehe unter der Wucht deiner Hand.
12 Mit Strafen züchtigst du den Menschen um seiner Schuld willen,
zerstörst der Motte gleich seine Pracht,
ein Hauch nur ist jeder Mensch. Sela.

13 Höre, Herr, mein Gebet, vernimm mein Stöhnen,
schweige nicht zu meinen Tränen!
Denn ein Gast bin ich bei dir,
ein Beisasse wie alle meine Väter!
14 Schaue weg von mir, daß ich froh werde,
bevor ich dahingehe und nicht mehr bin.

I

Mit dem Glauben an einen einzigen Gott läßt manches im Leben und in der Welt sich leichter erklären, anderes freilich, etwa die Frage nach der Herkunft des Übels und des Bösen, wird schwerer erklärbar. Hinzu kommt, daß der Glaube an einen einzigen Gott dem Menschen die Möglichkeit nimmt, auf andere Götter oder Göttinnen auszuweichen oder auf sie zu rekurrieren. Die Herrschaft des alleinigen Gottes ist absolut, andere Rekursinstanzen entfallen, und dementsprechend ist die Macht des einzigen Gottes oft genug in absolutistischen Kategorien beschrieben worden. Dadurch gewann der EINE Gott eine Übermächtigkeit, unter deren »Wucht« (11) der Mensch »wie nichts« ist (6), ihr auf Gedeih und Verderb ausgeliefert. Wo eine Mehrzahl von Gottheiten nicht zugelassen ist, müssen zudem Antagonismen wie z. B. die zwischen Gut und Böse, Gesundheit und Krankheit, Leben und Tod in den EINEN Gott hineingedacht, hineinverlegt werden, wodurch dieser Gott selbst zum Ursprung und Sitz der Antagonismen wird. Das jedoch verleiht ihm eine Doppel- oder sogar Vielgesichtigkeit, die ihn in Freundlichkeit oder Zorn, in liebender Zuwendung oder strafender Züchtigung (12) höchst vital erscheinen läßt. Allerdings nimmt seine Vitalität oft furchterregende Züge an, so daß, etwa bei Hiob, der Verdacht auf Willkür laut wird. Der 39. Psalm freilich äußert diesen Verdacht nicht, verschweigt und verschluckt ihn vielmehr. Aus Furcht vor Jahwes Übermächtigkeit und Zorn hütet der Beter seine Zunge (2), um den EINEN nicht noch mehr herauszufordern, zu erzürnen. Die Bitte »Schaue weg von mir« (14), d. h. »Laß mich in Ruhe«, ist schon kühn genug.

Nebst menschlichem Leiden bezeugt dieser Psalm das Leiden eines Menschen am einzigen und deshalb übermächtigen Gott, dem er sich ausgeliefert, preisgegeben fühlt. Wer ist dieser Jahwe? Unter anderem ein dunkler Abgrund von Macht und von Fragen, die unbeantwortet bleiben – alles andere jedenfalls als eines jener angenehm konsumierbaren und pflegeleichten Gott-Bilder, die zu allen Zeiten auf dem religiösen

Markt angepriesen werden. Ihm, Jahwe, ausgeliefert, weiß der Beter dennoch nichts anderes zu rufen als: »Und nun, worauf hoffe ich, Herr? / Dir allein gilt mein Harren.« (8)

2

Sonst pflegen Beter zu flehen, Jahwe möge sich (sein Antlitz, seinen Blick) ihnen zuwenden: »Blicke doch her ... mein Gott!« (Psalm 13,4). Hier also: »Schaue weg von mir, daß ich froh werde, / bevor ich dahingehe und nicht mehr bin«. (14) Ein von schwerem Leiden Gequälter hat keinen anderen Wunsch mehr, als – endlich, endlich! – von diesem übermächtig fordernden, strafenden Jahwe in Ruhe gelassen zu werden. Ist's nicht genug, daß er unter der »Wucht« der Hand Gottes (11) dahinschwindet, um seiner Schuld willen wie von Mottenfraß zerfressen wird (12)? Aus der Kühnheit, Gottes Handeln mit Mottenfraß zu vergleichen, spricht tiefe Verzweiflung, wohl aber auch Realistik. Ist der Beter von Aussatz zerfressen worden? Nichts deutet darauf hin, daß der Kranke den Tempel aufsucht, um ein Heilsorakel zu erbitten. Insofern wäre es denkbar, daß hier ein Aussätziger und deshalb Ausgestoßener redet resp. von einem Dichter zum Reden gebracht wird. Als Situation vorstellbar wäre, daß der Kranke dahockt oder daliegt, während, in Hördistanz vermutlich, »der Frevler« (2) vor ihm steht, ihn mit Schmähungen, Vorwürfen überschüttet des Inhalts etwa, jetzt empfange er Gottes gerechte Strafe für seine Verfehlungen. Andere Mit- oder besser Gegenmenschen (9) scheinen sich dem Elenden gegenüber ähnlich verhalten, ähnlich geäußert zu haben. Die Schmähungen treffen – das ist ihre Perfidie! – den Leidenden an seinem empfindlichsten Punkt, weiß er doch selbst längst zur Genüge, wie sehr er schuldig geworden ist, wie sehr er Gottes Strafe verdient hat. Darum schwankt er hin und her zwischen Schweigen-Wollen und Reden-Müssen, wird übermannt von Gefühlen, so daß sich die bisher im Zaum gehaltene Zunge (2) löst zur Frage: Wie lange noch (5), d. h. wie lange habe ich noch zu leben? Und danach zur generellen Klage über die Hinfälligkeit des Menschen, der, wiewohl aufrechter Homo erectus, doch nur »ein Hauch« (6) ist, trotz allem Lärmen und Raffen ein wandelndes »Traumbild« (7). Das Leben ein Traum, der Tod das Erwachen? Nicht für diesen Beter! Der Tod bringt kein Erwachen, bedeutet er doch, daß »ich dahingehe und nicht mehr bin« (14). Im Horizont solcher Jenseitslosigkeit um so inständiger deshalb die Bitte um – wenigstens – ein ruhiges Ausklingen des Daseins (14).

Psalm 40

1 Dem Chorleiter. Von David. Ein Psalm.
2 Erhofft, erhofft habe ich den Herrn,
und er hat sich zu mir geneigt,
hat mein Schreien erhört.
3 Er zog mich empor aus glubbernder Grube,
aus Schmutz und Schlamm,
und stellte meine Füße auf festes Gestein,
sicherte meine Schritte.
4 Er gab mir in den Mund neuen Gesang,
Lobpreisung unserem Gott.
Viele sehen's und erschauern
und fassen Vertrauen zum Herrn.
5 Glücklich der Mann, der dem Herrn vertraut
und sich nicht einläßt auf Unbeherrschte
und in Lügen Verstrickte!
6 Viel hast du getan, Herr, mein Gott,
deine Wunder, deine Pläne an uns!
Nichts ist dir gleich.
Wollte ich von ihnen künden und reden,
es sind ihrer zu viel, sie sind nicht zu zählen.
7 Nicht willst du Schlacht- und Gabeopfer,
hingegen hast du mir Ohren gebohrt.
Brand- und Sündopfer aber forderst du nicht.
8 So sprach ich: Siehe, da bin ich,
9 In der Buchrolle steht, was ich tun muß.
Ich habe Lust, deinen Willen zu tun, Gott,
und deine Weisung trag ich im Herzen.
10 Wohlgemut verkünde ich, Herr,
Gerechtigkeit in großer Versammlung.
Meine Lippen verschließe ich nicht,
du weißt es.
11 Deine Gerechtigkeit verbarg ich nicht
tief in meinem Innern.

Ich bringe deine Treue, deine Befreiung zur Sprache,
verhehle deine Gnade und Wahrheit nicht
vor großer Versammlung.
12 Herr, du wirst mir dein Erbarmen nicht vorenthalten,
deine Solidarität, deine Treue
werden mich stets behüten.
13 Denn Leiden ohne Zahl umzingeln mich.
Meine Verfehlungen haben mich eingeholt,
so daß ich nicht mehr aufsehen kann.
Zahlreicher sind sie als die Haare meines Hauptes,
mein Mut verläßt mich.
14 Sei mir gnädig, Herr, errette mich,
eile mir zu Hilfe!
15 In Schmach und Beschämung mögen fallen,
die mir nach dem Leben trachten.
Zurückprallen sollen sie und zum Schimpf werden,
die sich an meinem Unglück erfreuen,
16 in Schande sollen sie erstarren,
die da hohnrufen: Ha! Ha!
17 Frohlocken aber und freuen sollen sich alle,
die dich suchen!
Es sollen sprechen: Groß ist der Herr!,
die dein Befreiertum lieben!
18 Jetzt aber bin ich elend und arm,
doch der Herr denkt an mich.
Du bist's, der mir aufhilft, der mich errettet,
mein Gott, säume nicht!

1

Der Psalm zerfällt in zwei verschiedene Texte, in einen Dankhymnus (2–12) und in eine Klage (13–18), die, verselbständigt, noch einmal in Psalm 70 erscheint. Eine Art Textcollage also. Welche Überlegung mag aufgrund welcher Erfahrung bei ihrer Herstellung wegleitend gewesen sein? Könnte der angefügte Klagetext etwa Kritik am Dankhymnus signalisieren, aus Enttäuschung vielleicht über eine nur vermeintliche Erhörung (2), Errettung (4)? Hat der Klagende den Dankhymnus im Tempel gesungen resp. mitgesungen in der Annahme, seine Krankheit und die Nachstellungen seiner Feinde (15–16) hätten nunmehr ein Ende, um später dann aber feststellen zu müssen, daß dies nicht der Fall war? In der vorliegenden Zusammenfügung also ein Psalm, der aus der Tiefe vorerst ernüchterter, enttäuschter Hoffnung steigt? Ernüchterung, Enttäuschung nach einer vergeblichen Reise in den Tempel, wo die Teilnahme am Kult und vielleicht selbst das empfangene Heilsorakel keine Heilung brachte? Eine immerhin mögliche, wahrscheinlich nicht einmal seltene Existenzsituation. Einen Automatismus von Bitte und Erhörung, von Teilnahme am Tempelkult und Heilung gab es nicht, hat es nie gegeben.

2

Falls der (in 13–18) Klagende vom Tempel enttäuscht worden war, wäre es wohl kein Zufall, daß er seine Klage gerade *diesem* Dankhymnus (2–12) angefügt hat, denn in Vers 7 enthält der Hymnus eine scharfe Kritik am Opferkult des Tempels, wie sie ähnlich nur von Propheten artikuliert worden ist (z. B. Jesaja 11,1; Jeremia 6,20; 7,22; Hosea 6,6). Die Feststellung, der Opferdienst sei nicht von Jahwe gewollt und gestiftet worden, könnte den Klagenden von der bedrückenden Annahme befreit haben, Jahwe lasse ihn im Stich, habe sich von ihm abgewendet. Vers 7 stellt klar: Versagt hat nicht Jahwe, sondern der von Jahwe nicht gewollte, nicht legitimierte Tempelkult! Den Klagenden könnte das zu neuem Bitten, Flehen ermutigt haben, so daß er die Verse 13–18 anfügte, wobei es nicht von Belang ist, ob dies seine eigenen oder die Verse eines andern waren.

3

Erstaunlich jedenfalls, daß im »Gesangbuch« des Tempels eine so klare Absage an Schlacht- und Gabeopfer, wie sie Vers 7 ausspricht, überhaupt Eingang fand! Den Opfern, die ohne Begleitworte, Begleitverkündigung dargebracht wurden, stellt der Psalm demonstrativ die Ohren entgegen: »... hingegen hast du mir Ohren gebohrt« (7) – später wird Luther sagen: »Solae aures sunt organa Christiani hominis«, allein die Ohren sind die Sinnesorgane des Christen-Menschen (Hebräerbrief-Vorlesung) –, Ohren, um Jahwes Weisung zu hören, die nicht am Altar, wohl aber im »Buch« laut wird: »... in der Buchrolle steht, was ich tun muß« (9). Für die Juden ist nach der Tempelzerstörung diese Bindung ans Buch erst recht zum festen Grund ihrer Identität geworden, auch wenn es in finstersten Zeiten sich ins Dunkel der Weisungslosigkeit zu entziehen schien, woraus ein zeitgenössischer Jude bezeichnenderweise jedoch nicht den Schluß zog, »das Buch« genüge nicht mehr, sondern: »Das BUCH GOTTES bleibt Das Unentschlüsselte Buch, dessen geheimes Zeichen jene lebendige Röte unter der Asche einer verworfenen Wahrheit ist, die wir immer zu hegen haben«. (Edmond Jabès)

4

Der Tempelgottesdienst brachte die Psalmen hervor oder stellte sie jedenfalls in seinen Dienst. Psalm 40 verrät aber, daß die Psalmen vom Tempel nicht domestiziert werden konnten. Hier wurden die Stimmen lebendiger Menschen in konkreten Situationen laut, Stimmen auch, die sich gegen den Tempel-»Betrieb« wenden konnten, Stimmen, die Niedergang und Zerstörung des Tempels überdauerten, weil sie Erfahrungen und Hoffnungen ausdrücken, die an keinen Ort oder Kult gebunden sind. In Gebet und Gesang haben diese Stimmen den Tempel und die Zeiten nicht nur überlebt, sie sind von Bedrängten und Leidenden je und je als die Gabe neuen, erneuernden Lobpreises erfahren worden (3).

Psalm 41

1 Dem Chorleiter. Ein Psalm Davids.
2 Wohl dem, der sich des Schwachen annimmt!
Am Tage des Unglücks wird der Herr ihn entkommen lassen.
3 Er bewahrt ihn, hält ihn am Leben,
so daß er glücklich gepriesen wird im Lande.
Er liefert ihn nicht der Gier seiner Feinde aus.
4 Der Herr stützt ihn auf dem Bett seines Siechtums,
du wendest seine Krankheit zum Bessern.
5 Ich sprach: Herr, sei mir gnädig!
Heile mich, denn ich habe an dir gesündigt!
6 Meine Feinde reden Böses von mir:
Wann endlich stirbt er und erlischt sein Name?
7 Und wenn einer mich aufsucht, redet er Trug,
häuft Bosheit an, geht hinaus, erzählt's auf der Gasse.
8 Gemeinsam tuscheln sie gegen mich.
Alle, die mich hassen, wünschen mir Böses an:
9 Heillosigkeit möge ihn überfluten,
nun er darnieder liegt, stehe er nie wieder auf!
10 Selbst der nächste Freund, dem ich vertraute,
der mein Brot aß, trumpft großtuerisch auf gegen mich.
11 Du aber Herr, sei gnädig, richte mich wieder auf,
damit ich's ihnen heimzahlen kann.
12 Daran erkenne ich, daß du Lust hast an mir,
wenn mein Feind nicht über mich jubeln darf.
13 Ja, mich hältst du fest um meiner Unschuld willen,
stellst mich vor dein Antlitz für immer.
14 Gepriesen sei der Herr, der Gott Israels,
von Weltzeit zu Weltzeit.
Amen. Amen.

I

In den vorangehenden Psalmen sind stets von neuem wieder die bewegten, bewegenden Klagen Elender, Kranker, Verfolgter laut geworden. Theopoesie, aber alles andere als weltentrückt! Ungeschminkt, ungeschönt spiegelt sie noch und noch die brutale Realität von Bedrängten und Bedrängern, von Beutegierigen und Ausgebeuteten, von Verfolgern und Verfolgten. Das Volk der Erwählung scheint sich in seinem Alltag oft wenig erwählungsgerecht verhalten zu haben. Daraus machen die Tempelgesänge – und das hebt sie über andere »geistliche« Poesie denn doch weit empor! – überhaupt kein Hehl, im Gegenteil, unermüdlich und zuweilen höchst anschaulich artikulieren sie ihre Klagen, Anklagen. Ähnlicher Unverblümtheit und Leidenschaft begegnen wir heutzutage allenfalls in der religiösen Poesie Lateinamerikas und anderer Länder der Zweidrittelwelt.

Aus den Erfahrungen und Artikulationen real existierenden Unrechts und Elends zieht der letzte der Davids-Psalmen die sich aufdrängende Konsequenz. Er hebt mit einer Zeile an, die nicht, wie sonst üblich, den Gottesfürchtigen glücklich preist (vgl. Psalm 32,1 f.; 34,9; 40,5), sondern denjenigen, »der sich des Schwachen annimmt« (2–3). Damit wird die Gottesfurcht nicht etwa dem tätigen Erbarmen entgegengesetzt! Dieses ist vielmehr die existentielle Bewahrheitung, ja »Fleischwerdung« der Ehrfurcht vor Gott. Zum »Bewährten« (Zaddik) wird der Gottesfürchtige erst, wenn er, darin Jahwe folgend, auf den »Schrei der Armen« (Psalm 9,13) hilfsbereit eingeht. Wie wenig selbstverständlich dies jedoch war und ist, illustrieren noch einmal die in den Versen 5–13 mitgeteilten Erlebnisse, Erleidnisse zynischer Grausamkeit gegenüber einem schwer Erkrankten, dessen Feinde (6), aber auch vermeintlichen Freunde (10) ihm unverhohlen den physischen Tod anwünschen (6/9), ihn schon jetzt mit öffentlichem Rufmord (7–8) zu »erledigen« versuchen.

Nach derartigen Erfahrungen (Sartre: »Die Hölle, das sind die andern«) wird die Bitte denn doch verständlich: »Richte mich wieder auf, / damit ich's ihnen heimzahlen kann« (11)! Nein, fein empfunden, fein geredet ist das bestimmt nicht! Es ist der Aufschrei, der elementare Wunsch eines Menschen, der weiß, daß er nur dieses eine, einzige Leben hat. Im Diesseitshorizont des hebräischen Glaubens klagt er seine Lebensrechte ein, klagt diejenigen an, die sie ihm streitig machen, bittet Gott um die Wiederherstellung seines Rechts und um die Beendigung der Macht derer, die ihr Recht auf Unrecht gründen: »Daran erkenne ich, daß du Lust hast an mir, / wenn mein Feind nicht über mich jubeln darf.« (12) Ist das zuviel verlangt?

2

Und trotzdem dann: die Shoah, Auschwitz, Treblinka, die europäischen Juden insgesamt in der Situation dessen, der unerbittlich verleumdet, verfolgt, vernichtet wird! Und Gott schwieg, griff nicht ein, war nicht gnädig (11). Ist die Dennoch-Zuversicht dieses Psalmes damals zuschanden geworden? Wäre dies der Fall, hätte Hitler radikal gesiegt, hätte die Wurzeln des jüdischen Glaubens vernichten können. Aber wie alle andern Psalmen wird auch Psalm 41 von den Juden weiterhin gelesen, gebetet. In ihrer Nachfolge tun wir Christen dies ebenfalls, auch wenn wir die Tendenz haben, die uns krud oder ungebärdig vorkommenden Psalmen zu überlesen, in unseren Gottesdiensten auszusparen, was, wenn wir uns dessen nicht genügend bewußt sind, leicht zu einem latenten Anti-Judaismus werden könnte.

Eine Folge des europäischen Holocausts war die Gründung des Staates Israel im Nahen Osten, wo die Juden eine Heimstätte zu bewohnen hoffen, wo kein Feind mehr über sie jubeln darf (12). Erste wichtige Schritte zur Erfüllung dieser Hoffnung sind getan, weitere bleiben jedoch nötig. Entscheidend dabei ist von neuem die Frage von Recht und Unrecht. Gott, so der Refrain der Psalmen, steht für das Recht der Schwachen ein. Darum die Mahnung: »Wohl dem, der sich des

Schwachen annimmt!« (2) Edmond Jabès, ein in Ägypten aufgewachsener, später in Paris lebender und 1991 dort gestorbener Jude schrieb: »Als ein Opfer des Unrechts ist der Jude ein Feind all derer, die ihr Recht auf Unrecht gründen.«

3

Der letzte Vers (14) scheint dem Psalm angefügt worden zu sein, vermutlich, um mit ihm das Buch der Psalmen Davids markant und angemessen, d. h. mit dem Lobpreis Jahwes und feierlich wiederholtem »Amen« abzuschließen.

»Amēn« (= es steht fest, es gilt), dieses hebräische Wort der Zustimmung, der Bekräftigung findet sich allemal als Abschluß der vier ersten Psalmbücher (vgl. Psalm 72,19; 89,53; 106,48). Das weist erst recht auf spätere redaktionelle Arbeit und Abrundung hin.

Da der Sinngehalt von »Amen« in anderen Sprachen meist nicht in einem einzigen Wort wiedergegeben werden kann, ist dieser Ausdruck als Fremdwort in unsere Sprachen eingewandert, in ihnen heimisch geworden. Dabei mag auch Laut-Magie eine Rolle gespielt haben, ist das A doch »als der unbestreitbare König der Vokale anzusehen« (Ernst Jünger). Mit mächtigem A-Klang beginnt nicht nur die hebräische, sondern auch die deutsche Bibel: »Im Anfang schuf Gott...« (1. Mose 1,1). Im A des Amen hören wir im Deutschen außerdem das A des Wortes »Ja« mit. Und tatsächlich ist »Amen« ein Ausdruck der Bejahung. »Amen« ist denn auch eines der Schlußwörter der – griechisch geschriebenen – Offenbarung des Johannes: »Es sagt der, welcher dies bezeugt: Ja, ich komme bald. Amen. Komm Herr Jesus!« (Offenbarung 22,20)

Der Talmud (Schabbat 119 b) berichtet, welche Perspektiven dieses Bejahungswort für uns enthalten kann: »Rabbi Lakisch sagte: Jedem, der mit all seiner Kraft antwortet: ›Amen!‹, dem öffnen sich die Tore des Paradieses.«

Einige Literatur, die hilfreich gewesen und benützt worden ist

Allgeier, Kurt: Paracelsus. Sein Genie, seine Weisheit, seine Rezepte. München 1984.

Bargebuhr, Frederick P.: Salomo Ibn Gabirol. Ostwestliches Dichtertum. Wiesbaden 1976.

Barth, Karl: Kirchliche Dogmatik IV/1. Zollikon–Zürich 1953.

Bloch, Jean-Richard: Der Jude zwischen Orient und Okzident. In: Der Jude. Sonderheft zu Martin Bubers 50. Geburtstag. Berlin 1928.

Blumhardt, Christoph: Jesus ist Sieger! Predigten und Andachten 1880–1888. Erlenbach–Zürich 1937.

Buber, Martin: Königtum Gottes. Berlin 1932.

Buber, Martin: Kampf um Israel. Reden und Schriften 1921–1952. Berlin 1933.

Buber, Martin: Die Erzählungen der Chassidim. Zürich 1949.

Buber, Martin: Das Buch der Preisungen. Heidelberg 1975.

Bultmann, Rudolf: Neues Testament und Mythologie: Kerygma und Mythos. Hamburg 1948.

Cardenal, Ernesto: Zerschneide den Stacheldraht. Südamerikanische Psalmen. Aus dem Spanischen übertragen von Stefan Baciu. Wuppertal 1967.

Celan, Paul: Gedichte I und II. Frankfurt a. M. 1975.

Cohen, Hermann: Der Nächste. Vier Abhandlungen über das Verhalten von Mensch zu Mensch nach der Lehre des Judentums. Berlin 1935.

Heschel, Abraham J.: Gott sucht den Menschen. Eine Philosophie des Judentums. Neukirchen-Vluyn 1980/89.

Heschel, Abraham J.: Der Mensch fragt nach Gott. Untersuchungen zum Gebet und zur Symbolik. Neukirchen-Vluyn 1982/89.

Jabès, Edmond: Das kleine unverdächtige Buch der Subversion. München 1985.

Jabès, Edmond: Die Schrift in der Wüste. Gedanken, Gespräche, Gedichte. Herausgegeben von Felix Philipp Ingold. Berlin 1989.

Jabès, Edmond: Das Buch der Fragen. Frankfurt a. M. 1989.

Jonas, Hans: Der Gottesbegriff nach Auschwitz. Eine jüdische Stimme. Frankfurt a. M. 1987.

Juhre, Arnim: Singen auf bewegter Erde. Psalmen und Lieder. Stuttgart 1990.

Koehler, Ludwig: Theologie des Alten Testamentes. Tübingen 1947.

Kraus, Hans-Joachim: Psalmen. 1. Teilband. Neukirchen 1960.

Kurzes Bibelwörterbuch. Herausgegeben von H. Guthe. Tübingen und Leipzig 1903.

Lévinas, Emmanuel: Ethik und Unendliches. Graz–Wien 1986.
Lévinas, Emmanuel: Eigennamen. Meditationen über Sprache und Literatur. München 1988.
Lévinas, Emmanuel: Humanismus des anderen Menschen. Hamburg 1989.
Malevi, Jehuda: Zionslieder. Übersetzt von Franz Rosenzweig. Berlin 1933.
Miskotte, Kornelis Heiko: Wenn die Götter schweigen. Vom Sinn des Alten Testamentes. München 1963.
von Rad, Gerhard: Der Heilige Krieg im alten Israel. Zürich 1951.
von Rad, Gerhard: Theologie des Alten Testamentes. Bände I und II. München 1957 und 1960.
Rosenzweig, Franz: Das Büchlein vom gesunden und kranken Menschenverstand. Düsseldorf 1964.
Rosenzweig, Franz: Der Stern der Erlösung. Den Haag [4]1976.
Scholem, Gershom: Judaica I, II, III. Frankfurt a. M. 1968, 1970, 1973.
Strauss, Ludwig: Wintersaat. Ein Buch aus Sätzen. Zürich 1955.
Tillich, Paul: Systematische Theologie. Band 1. Stuttgart 1956.
Velikowsky, Immanuel: Erde im Aufruhr. Frankfurt/Berlin 1983.
Velikowsky, Immanuel: Das kollektive Vergessen. Verdrängte Katastrophen der Menschheit. Frankfurt/Berlin 1987.
Wagner, Christian: Neuer Glaube (1894). Kirchheim/Teck 1980.
Wolfskehl, Karl: Die Stimme spricht. Berlin 1934.
Zwickel, Wolfgang: Räucherkult und Räuchergeräte. Freiburg i. Br./Göttingen 1990.